高中语文“一课多篇”教学理论与实践

天津市中小学教师继续教育中心　编

天津出版传媒集团

天津科学技术出版社

图书在版编目(CIP)数据

高中语文"一课多篇"教学理论与实践 / 天津市中小学教师继续教育中心编. -- 天津 : 天津科学技术出版社, 2021.12

(天津市中小学"学科领航教师培养工程"团队攻坚成果系列丛书)

ISBN 978-7-5576-9781-5

Ⅰ. ①高… Ⅱ. ①天… Ⅲ. ①中学语文课-教学研究-高中 Ⅳ. ①G633.332

中国版本图书馆 CIP 数据核字(2021)第 273051 号

高中语文"一课多篇"教学理论与实践
GAOZHONG YUWEN "YIKE DUOPIAN" JIAOXUE LILUN YU SHIJIAN
责任编辑:王　彤
责任印制:兰　毅
出版: 天津出版传媒集团 / 天津科学技术出版社
地址:天津市西康路 35 号
邮编:300051
电话:(022) 23332397 (编辑室)
网址:www.tjkjcbs.com.cn
发行:新华书店经销
印刷:天津印艺通制版印刷股份有限公司

开本 710×1000　1/16　印张 11.5　字数 185 000
2021 年 12 月第 1 版第 1 次印刷
定价:128.00 元

前 言

一、成果简介

《高中语文"一课多篇"教学理论与实践》以高中统编本语文教材"一课多篇"编排体例的理论探讨与教学实施为研究重点,精选天津市中小学"学科领航教师培养工程"高中语文攻坚团队指导教师和学员的研究成果，旨在从语文课程教材理论和学习任务群实施两方面为高中语文新教材的研究者和使用者提供研究思路和教学借鉴。

本书突破从教材向教学的下行研究视角，将教材教学研究上行延展到课程,突出语文课程教材化、语文教材结构化特点,强化语文教材、语文教学的课程化指向，贯彻语文课程标准对语文教材语文教学的规范与指导作用,使高中语文课程核心素养目标、语文课程内容任务群学习真正落实到教学现场。

二、项目分工

该项目指导教师为天津师范大学副教授马志英和天津市第三中学正高级教师刘惠。两位导师协同合作,共同完成课题设计、组织研究、展示策划、学员指导和书稿审核等工作。其中马志英教授特别负责课题定向选择、课题研究的理论提升和序言的撰写,刘惠老师负责课题研究的教学实践指导、结项成果的材料整理与汇编。

《高中语文"一课多篇"教学理论与实践》前言和序言分别由指导教师刘惠和马志英完成。理论部分:马志英、刘惠、王彦明。实践部分:杨二宁、林峥、王彦明、付雨霓、吕洁、仇晓健、张立新、杜敏娜、鞠琳、赵毅、梅丽丽、王莉、张影影、陈国良、石海澜、祁金敏。

三、致谢

从攻坚团队建立到团队成果出版，高中语文领航团队攻坚课题研究历时两年。在此，特别感谢天津市中小学教师继续教育中心为团队攻坚搭建的研究与分享平台。继教中心领导与组织人员给予团队研究各项支持，为高中语文攻坚团队研究有序有效开展提供了有力保障。

感谢高中语文领航团队中的每位学员，课题攻坚过程中，学员们勇于接受挑战，毅然选择了借鉴资料很少、理论基础较为薄弱的统编本高中语文教材编排体例课题，对《普通高中语文课程标准(2017年版)》和统编高中语文教材进行了多重审视与探究，在已有课程理论教材理论的基础上与导师们反复交流研讨心得与获益，精心打磨修改教学课例设计，经由课堂实践反思不断完善课例。学员在攻坚过程中发表了若干相关研究成果，攻坚课题研究扎实地实现了个人成长与团队发展的双赢。

《高中语文"一课多篇"教学理论与实践》一书是天津市高中语文领航团队探索性的成果，研究中难免存在欠缺之处。团队将不断加强课题延展研究与实践，希望能与语文教育同人一道，为语文教学研究质量水平的跃迁贡献绵薄之力，将语文课程、语文教材、语文教学的三位一体进行到底，使语文教学焕发出精神生命成长之光，照亮师生的语文修行之路。

刘惠

语文教师教学研究的课程论素养
（代序）

语文教师教学研究的重心往往是形而下的，略过语文教育哲学和语文课程理论而专注于语文教学实践，对于语文教育如何通过语言符号学习实现立人目的、语文课程标准更新的内在缘由、不同语文教材编排体例蕴含怎样的课程教材观念，语文课程内容与教学内容是怎样的层递转化关系等问题的思考并不自觉也不深入。大多数情况是以局外人的姿态接受来自课标权威解读者、语文课程教学研究专家和教材编委会官方发言人的既定结论。因而容易导致教学研究陷入方法、程序、策略、模式的闭环，虽极尽腾挪，获得的效用终究有限。此次天津市中小学“学科领航教师培养工程”高中语文学科组将攻坚课题确立为“高中语文教材‘一课多篇’编排体例的理论与实践研究”，主要意图在于借助课题研究使高中语文学科攻坚团队成员主动突破教学研究的惯性苑囿，打通教学、教材、课程的血脉，以统编本高中语文教材“一课多篇”编排体例为切入点，抓住“课”的形而上意义，凸显教材的课程目标分解化、课程内容结构化功能，在教学、教材、课程三位一体观念下，梳理发现单元任务之间、单元与课之间、课与课之间的课程论关联，依据任务群学习目标与内容，确定单元任务学习活动序列，规划任务学习活动方式与途径，检测评价任务学习达标情况，形成具有示范性质的教学设计个案。从攻坚课题的确立到研究内容研究分工的持续讨论，再到优秀课题组研究成果的汇报展示，课题组每一研究阶段的推进都是对团队成员课程理论素养与教学实践反思能力的更高要求，从课程论角度思考教学问题的意识愈加显著。

高中语文学科攻坚团队有十六位教师成员，两位指导专家。十六位教师成员经天津市各区的重重选拔，成员们已有的教学研究基础与成绩较为突出。攻坚课题选题初期,教师们提议了若干选题,诸如“整本书阅读教学实施与反思”“统编本高中语文教材研究与教学案例”“新闻作品教学设计”“散文知识图式的建构与运用”“文学短评写作教学实践”等，每个选题都是教师们根据自身的研究视野面对统编本高中语文教材实际使用情形做出的自主判断。经过两次指导会议反复审议,攻坚团队决定以统编本高中语文教材“一课多篇”体例理论与实践研究为攻坚课题。尽管团队成员对于攻坚课题达成了一致共识,但还是普遍感觉课题相对于他们以往的认知经验和研究范围,存在一定的难度和挑战度。个别成员反映从知网检索获得的有关“一课多篇”教材体例研究的文献支持实在太少，也有成员担心自身研究能力不够影响整个课题组进度与成果质量。指导专家认为攻坚课题就是要选择近乎空白的研究领域，可借鉴的文献越少,越说明攻坚具有价值。经过一番思想信念的周折辗转,团队成员终于坚定目标,做好迎难而上的准备,积极进入课题研究层次与研究内容的讨论和复议中,最终以“文学评论写作”任务群、“思辨性阅读与表达”任务群和“实用性阅读与交流”任务群学习为主攻方向,按照“课”的文体归类分成七个攻坚小组,各小组内又进行了细致的分工与统筹。

攻坚团队的王彦明老师,勤勉善思谦逊,在课题整个攻坚过程中,始终保持着对自我教学经验的主动反省和对研究内容的及时修正的心态，每次课题组活动都开诚布公地交流自己承担的现代诗歌“一课多篇”教学研究的理论攻坚进展与困惑。疑问指向鲜明地表现出王老师对自身研究能力的自觉评估与研究思维的扩展，对整个课题组研究工作的进行起到了鲜明的引领作用。王老师也一再强调团队成员交流沟通带给他的启发,攻坚课题对他学科专业能力发展的促进力与影响力,攻坚阶段他的一篇现代诗歌“一课多篇”教学设计已正式发表。团队成员中的付雨霓老师,是区教研员,不仅自己的研究做得扎实富有成效,而且对小组研究活动的带动能力也相当突出，她们这一组研究工作进展较为顺利，组内成员的合作度也明显高于其他小组。攻坚团队里特别值得一说的还有梅丽丽老师与张立新老师。梅老师最初的研究内容是政论文“一课多篇”教学，研究进行了一阶段后，她察觉到研究方向的偏差，只关注“课”本身，割裂了“课”与单元任务之间的必然联系，于是放弃单一的政论文文体研究，将研究内容调整为思辨性阅读的理性思维与表达。梅老师在汇报研究进展时说过，发现原先设想的不合理，重新回头寻找适宜的角度，也是一种进步。走弯路从头来本来就是研究的常态，保有不气馁的精神才是研究者该有的品质。张立新老师的可贵之处在于一直都以实事求是的态度面对自己面对研究。他毫不隐讳自己对“一课多篇”编排体例理论认识的模糊，一次次研讨的纵深，一遍遍教学设计课例的打磨，张老师说他自己终于明白“一课多篇”教学与先前群文教学的差别了。没有什么比研究者与研究问题的零距离更能代表研究的进展与成效了。

“一课多篇”教材编排体例的理论与实践研究，纠正了团队成员对“课”的偏向性认知，提升了教师的课程论素养。“课”指向的是课程目标与课程内容，是课程目标的分解化与课程内容的结构化。分解化的课程目标与结构化的课程内容需要凭借具体的语言学习材料来承载，具体的语言学习材料就是“文”。这个“文”可以是几则语篇，也可以是单篇。将“课文”理解为“文”的偏义词，把“文”当作“课”，使“文”脱离“课”的规定性而独立为“文”，不但弱化了负载在“文”上的课程内容的确定性，而且也使“文”成为教学实施者自我选定自我演绎的教学内容，消解了课程目标、课程内容对“文”的制约统辖意义。教师当然可以根据学生学业水平与学习需要对课程目标课程内容进行刷新，但必须是建立在充分理解掌握教材编排体例，对自我确定的课程内容课程目标有着清晰的判断力与自制的反省力的基础上。如果对教材编排体例的目的导向还不很清楚，就急于开发新的课程内容、调整原有课程目标，就会存在基础未稳空中造楼的隐患。

课题攻坚团队提供的教学设计案例多数为语文必修教材，涉及选择性必修教材的只有三例，将必修与选修教材相关任务单元进行统整设计的教学案例还未成型，这也是团队后续研究要完成的任务。例如林铮老师选择性必修上册第二单元第一课教学设计，这个单元对应的任务群学习是中华传统文化经典研习，课程目标是认识先秦诸子学说与中华思想文化发展的关系，中华思想文化发展的内在驱力在于百家争鸣，探求中国传统文化立身处世之道的现实意义，了解民族思维特点，发扬民族思维品质，增强文化自信。单元承载的课程内容是诸子论说文里包含的人生价值追求，论说行文各具面貌的文采风格。单元任务目标与必修下册第一单元理解古代文化经典作品反映的文化思想，认识传统文化思想的当代价值，增强文化继承的理性与自信一脉相承，课程内容由先秦诸子学说和春秋西汉史传作品包含的中华文化思想观念发展到对文化思想观念形成因素的理解，由先秦儒道学派的社会理想学说延展到人生价值追求，由儒道思想延展到诸子思想，进一步加深对中华民族以伦理、礼乐、天理为中心的修为治世文化思想特点的认识，从而辩证地汲取中国古代思想文化养分。从选择性必修上册与必修下册两个单元所承载的课程目标、课程内容对照中，可以明晰地见出二者的衔接与提升关系，进行教学设计时就要充分考虑学生已有认知图式的巩固与填充，将古代文学作品审美阅读与中华传统文化经典思想研习统一起来，在审美判断中发扬文化，在文化滋养中增强审美，最终达到语言、思维、审美、文化核心素养的整体发展。

这本著作是攻坚团队历时两年的研究成果，所有已取得的研究成果都仅仅代表过去，研究者的目光应该望向未来，追索更有价值的项目，未来我们可以做得更好。

马志英

目　录

PART 1

第一篇

理论研究

“一课多篇”编排体例的课程论指向与教学实施

天津师范大学语文教学研究所　马志英

摘　要：相较于之前的人教版中学语文教科书，“一课多篇”是统编本中学语文教科书编排体例最为显著的形式之一。教科书是课程内容的直接载体，也是课程目标的现实中介。只有从语文课程论层面深入认识“一课多篇”编排体例的功能指向与变化意义，才能在教学实施中克服单篇教学的惯性，区分群文阅读与“一课多篇”的异同，有力实现课程目标、课程内容到教学内容的结构化与情境化联结。

关键词：教科书　一课多篇　课程目标　课程内容　教学

“一课多篇”是统编语文教科书编排体例最为突出的特点之一，高中语文教科书一课多篇的编排形式尤为显著。必修两册教科书仅有下册第二单元戏剧作品为一课单篇，选择性必修三册教科书也仅有上册第三单元外国小说作品节选为一课单篇，其余众多单元内课文至少有一课为多篇文本组合类型。“一课多篇”编排类型的高频出现具有怎样的意义？该如何理解“一课多篇”编排体例的导向？目前有研究者将“一课多篇”编排体例称为微型单元，即大单元里包含的小单元。假设这种提法成立，那么成立的前提在于如何界定单元，即需要正面回答单元是依据怎样的标准设定的、组织的。

语文教材受制于语文课程的规定性，是语文课程目标课程内容的承载体与实现中介，也是课程目标的分解化和课程内容的结构化。分解化是指教材将课程目标作为总纲分解成目、种、属等具体有序小目标进行编排，增强教学实现的可能性；结构化是指依据学习者认知特点、学力水平、身心发展需要，将课程内容安排为富有联结逐步递进的学习任务。语文教材的单元设定与编排既要服务于课程目标，又要服务于课程内容，因而单元学习任务的选择与设定要同时满足课程目标与课程内容的双重要求。有怎样的课程目标、课程内容，就会有相应的单元人文主题与语言学习项目。高中语文课程总目标为语文学科核心素养的综合与内化，教材单元学习任务必然与语言建构、思维提升、审美创造、文化传承四大核心素养的发展有着密切关联。如必修上册第一单元人文主题为“青春情怀”，这个主题既包括对青春价值的思考，也包括对青春之美的体验，更包含对青春理想的选择和创造。单元编排 3 课内容，由 5 首诗歌与 2 篇小说组成，3 课的着重点在对青春的吟唱。安排的学习任务是体验诗歌、小说两类文学表达抒发青春情思的不同特点，借鉴单元诗歌作品在意象选择、语言锤炼方面的手法，发挥想象创作一首抒写青春岁月的诗歌。将“一课多篇”的“课”界定为微型单元，容易强化微型单元的独立性，肢解单元任务，削弱单元任务的整合性，混淆单元、课、篇的三级组合关系。

一、“一课多篇”的课程指向

“一课多篇”的编排目的与意义在于实现课程目标的教材化分解与建立课程内容的教学化结构。当单篇文本不足以实现分解化的课程目标或者不足以支撑充实的内容结构时，就需要多篇文本组合为一课，这一课与单元其他课承载的课程内容相同或者相近，都为实现同一个具体化课程目标而设置。同一课程目标可能会由不同的课程内容来实现，但是课程目标与课程内容的互证关系是必须明确的。如高中必修下册第一单元第 1 课包含 3 篇文本：《子路、曾皙、冉有、公西华侍坐》《齐桓晋文之事》《庖丁解牛》。单元要实现的课程目标是理解中华民族儒道互补的传统文化思想，认识思考儒道思想学说的当代价值，增强文化继承的理性与自信。课程内容则是从《论语》《孟子》《庄子》中选取反映儒道思想并适宜学生接受水平的文本，让学生了解作为儒家学派代表人物孔子、孟子思想的承接性与发展

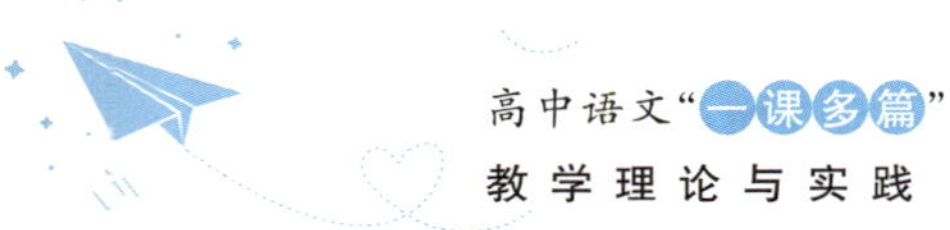

性，与儒家学派思想不同的道家学派代表人物庄子对于社会、人生的看法与观点。《子路、曾皙、冉有、公西华侍坐》《齐桓晋文之事》都表达的是儒家学派的社会理想，但《子路、曾皙、冉有、公西华侍坐》的社会理想是以礼乐导引百姓自觉守制的天下大治，《齐桓晋文之事》的社会理想是“发政施仁”“保民而王”的王道天下。《庖丁解牛》则重视“依乎天理”，以无为之道达到太平天下。在两派思想观念的比较中，学生能够认识到儒道思想的差异性与互补性，从而辩证汲取中国古代思想的养分。第1课的一课多篇与第2课《烛之武退秦师》、第3课《鸿门宴》单篇课文共同实现的课程目标是理解古代文化经典作品反映的文化思想。《烛之武退秦师》强调“礼”而事成，《鸿门宴》强调“民心”的重要。无论是先秦诸子学说中治世观点的直承，还是春秋西汉史传作品透露的思想观念，无一例外都是带有鲜明的民族文化特点，以伦理、礼乐、天理来治世。

“一课多篇”的“课”指向的是课程目标与课程内容，课程目标与课程内容需要凭借具体的学习材料来落实，具体的学习材料就是“文”，这个“文”包含的语篇可以是几则，也可以是单篇。以往的认识常常将“课”与“文”理解为偏义词，以“文”为课，造成“文”不自觉地脱离了“课”的规定性，成为教学实施者自我选定、自我演绎的教学内容，消解了课程目标与课程内容的规定性。当然教师可以对课程目标课程内容进行调整，但必须是在教师充分理解掌握教材编排体例，对自我确定的课程内容课程目标有着清晰的判断力与自觉的反省力的条件下。如果对教材编排体例的目的与意义还不很清楚，就急于开发新的课程内容、调整课程目标，就会存在基础未稳空中造楼的隐患。把“课”理解为“文”的另一种表现是将“一课多篇”界定为教学课型或者教学组织形态，突出“文”的教学设计与教学操作。“一课多篇是指一节课中教学两篇或两篇以上的文章，或在一次教学过程中教学几篇课文。这样的教学设计，有时是为了丰厚教学内容，或是为了深化教学内容；有时是为了加快教学速度，或是为了进行课文教学的详略处理；有时是为了实践课堂教学的设计技巧，或是为了顺应教材的编辑意图。这样的教学设计，在选文上有两种方式：一是按照教材所编定的内容进行教学，如《杜甫诗二首》之类；一是根据教学设计的需要自选文章与教材上的课文配合起来进行教学，如将《白雪歌送武判官归京》设计为‘边塞诗联读’。这样的教学设计，在教材的处理上有多种多样的方式。”[1]对“一课多篇”进行这类界定与阐述的观点比较普遍，论者的立足点始终在教学层面，着力回答的是“一课多篇”该怎样教，并不上指“一课多篇”的课程论目的与意义。

课程论指向与教学论指向有怎样的差异？主要在于实现的功能不同。课程论指向关注的是课的进程，重视课与课之间的内在联结，语篇文本要受到课程学习任务与目标的制约；教学论指向关注的是语篇文本学习内容与学习活动的组织，凸显的是教学的具体形式。课程论指向最终是要下落到教学论指向，但不能以教学论指向遮蔽甚至代替课程论指向，否则就会出现以语篇文本顶替课程内容的弊端。举例来说，高中必修上册第五单元编排的是写景抒情散文，课程目标是体会民族审美心理，提升审美品位。课程内容是对作家审美倾向折射的民族审美传统进行探讨与评点，借鉴课文的写法，写一篇不少于800字的散文，交换阅读互相品评，修改编辑成册。教学层面的学习内容与学习活动组织，必须以文本反映的民族审美心理和文学评点法来进行设计，至于语篇文本反映的其他思想主题或者其他文学批评方法就不再掺杂在教学之内。第14课编选的两篇散文，《故都的秋》与《荷塘月色》，皆为现代散文经典名篇，可教的内容很多，但编入教材单元后，只能以审美倾向和审美心理为重点学习任务。

二、“一课多篇”不能等同于群文阅读

从语篇组织形式看，“一课多篇”与群文阅读，确实有相同之处，都是具有相关性的一组文本，区分主要在于这种相关性是课程论指向还是教学论指向。如果是课程论指向的群文阅读，群文的选择组织必须服从学段课程目标与课程内容的需要，群文阅读的终结点是实现明确具体的课程目标与课程内容，不能有任何的含糊与杂糅。这就意味着群文阅读的角度与任务主题是确定的，不是经由学习活动随机产生可商议的角度与主题。这类从课程论指向进行选择与设计的群文阅读可以与“一课多篇”画等号。如果是从教学论指向进行的群文阅读，群文所起的作用则是教学资源的充实，不能等同于“一课多篇”。

高中语文必修上册第三单元第7课编排了两首诗歌：曹操的《短歌行》和陶渊明的《归园田居（其一）》。这个单元的课程目标是掌握古诗词鉴赏方法，认识古诗

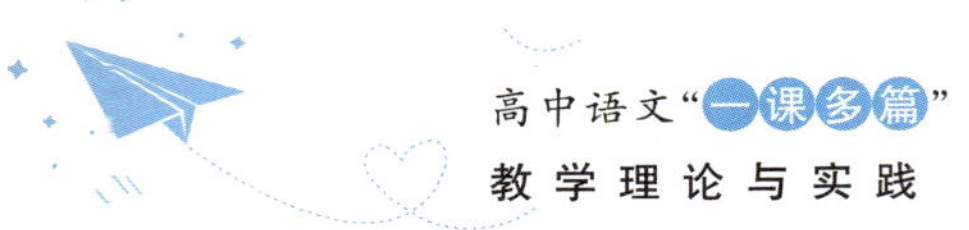

词的当代价值，增强对中华优秀传统文化的传承意识。课程内容则是理解体味古代诗人的人生境遇与人生理想，加深对社会的思考，增强对人生的感悟。具体到第7课，两首诗作展示的是两种人生状态：《短歌行》是积极进取、建功立业的人生选择与人生状态，《归园田居》则是厌倦官场、辞官归隐的人生选择与人生状态。如果为使学生深入理解比较两种人生状态的不同，另外选取了其他文本分别归于《短歌行》与《归园田居》两组，增加每组的篇目，是可以的，但要考虑到这一课承载的另一个课程目标与课程内容为掌握鉴赏方法，鉴赏方法往往是从某类代表性作品的品鉴中逐步习得的。《短歌行》是乐府诗，质朴刚健，《归园田居》是五言古体诗，平淡舒缓，诗作语言风格的差异比较明显，人生态度比较与语言风格比较两者结合，能使学生获得更为鲜明深入的认知与体验，有利于课程目标的达成。如果将一课两篇变为一课数篇，就会对学生学习的专注程度与学习的进程造成影响，反而阻碍了目标的有效实现。

教学论指向的群文阅读服务于教学目标，选用哪些语篇并没有严格的规定性，自由度更显豁充分一些。以《短歌行》为例，可以选择小说《三国演义》赤壁之战前曹操横槊赋诗的语段，化用《诗经》典故的《子衿》《鹿鸣》《月出》《击鼓》数篇，引入曹操的《求贤令》与陆机的《短歌行》等语篇。这些文本是作为教学资源进入教学内容的1+X群文阅读，目的在于帮助学生理解《短歌行》的主题和语言风格。课程论指向的群文阅读，语篇选取与确定都要受制于规定性的课程目标与课程内容，更进一步说，需要周密考虑并解决语篇所能承载实现课程目标与课程内容的典型性问题。

三、"一课多篇"的教学实施

语文课程教学研究长期以来形成的格局是课程研究与教学研究的分离，课程的制定与解释由课程研究者来完成，教学实施由教师来完成，教师只负责教学，至于教材的课程论指向与意义是不大理会的，"一课多篇"的教学仍是一篇一篇地教，最后再进行一个简易的总体粘连。如七年级下册第四单元第16课《短文两篇》

包括《陋室铭》与《爱莲说》两篇文本，教学设计与教学实施却仍是单篇教学的老路子，从公开发表的教学设计、教学实录可以清楚地看到，以《陋室铭》或者《爱莲说》单篇教学设计为题最为常见，将两篇文本作为一课进行设计的教学案例极少。“铭”与“说”两类古代文体的文化意义联结点是什么，第四学段编排的古代文体都有哪些种类，怎样帮助学生建立新旧古代文体知识之间的联系，从而逐步形成系统的古代文体认知图式，教学设计者与实施者思考得还比较粗略。第四学段总共编排 6 种古代文体，七年级是“书”“铭”“说”，八年级是“记”，九年级是“序”“表”，这些古代文体并不是先有体后有文，而是先有文后有体。文是经由行为方式向文本方式的变迁，而这种行为是士人大夫治世才能的表现。“文体分类的社会性特征深深地蕴藏于文体的文本方式之中，并由文体独特的行为方式及其社会功能得以彰显。”[2]让学生初步了解古代文体的社会性特征，有助于他们深层理解“铭”“说”文体的社会功能，进而对《陋室铭》《爱莲说》寄寓的君子品性追求有更清晰的认知与更丰富的体验。在教学设计与实施时第一应该考虑的是“铭”“说”两类古代文体的文体特点与社会功能，其次是抓取“君子”一词，对《短文两篇》表现出的共同德性追求进行深度解读，第三是认识理解古代文学的比德传统，以美好的事物喻指品德。第四是安排略读，选取“铭”“说”文体类课外阅读篇目，进行略读实践。

“一课多篇”要怎样教？首先，需要判断单元所承载的课程目标与课程内容；其次，需要理出单元课与课学习任务之间的联结；再次，分析多篇文本的课程论指向；最后，安排合理的教学内容与教学活动。以七年级上册第二单元第 7 课《散文诗二首》为例，这一课包括泰戈尔的《金色花》与冰心的《荷叶·母亲》。单元课程目标一是加深对亲情的感受理解，丰富自身的情感体验；二是通过朗读把握文章的感情基调；三是整体感知的基础上，体会作者的思想感情。单元 4 课的学习任务，前 3 课主要是感受理解母子之间的亲情，第 5 课《秋天的怀念》表现儿子对母亲的感恩与愧疚，第 6 课《散步》表现儿子对母亲的反哺与孝顺，第 7 课《散文诗二首》表现孩子对母亲的依恋与赞颂。单元最后一课《〈世说新语〉二则》，体会儿童行为言语智慧背后的家庭教养。4 课中《散文诗二首》为自读课，自读课是从语文课程的实践性出发来设置的，课程论指向是强化阅读实践以及解决阅读实践存在的阻碍与问题。教者在指导自读实践前要预估学生会遇到怎样的阅读障碍，准备必要的解疑材料，还要为自读现场产生的超出预估的问题准备解决方案。通过第 5 课

第6课的学习，学生基本可以感受理解《散文诗二首》表现的母子情深，尤其是孩子对母亲的感情。他们的障碍可能会集中于两个问题。一、两篇文本安排在一课的理由除了反映母子亲情相近的内容外，还有其他原因吗？二、为什么一定要变成金色花？

两则语篇的文体是散文诗。散文诗是一类兼具诗体特征与散文体特征的混生文体，既有诗歌特有的意象与凝练的语言，又有散文个性化的叙事与抒情。自读指导首先要抓住物象线索，找到物象叙述中作者所寄托的情感。金色花和荷叶这两种物象，寄托怎样的情感呢？金色花在枝头悄悄看着母亲工作，为母亲送去清香，为母亲遮蔽耀眼的阳光，寄托了陪伴母亲依恋母亲的情感。荷叶，为亭亭玉立的红莲遮挡风雨，寄托了对母亲勇敢慈怜的感动。找到物象寄托的情感并不困难，困难的是发现这种情感的内在联系，所以自读指导要抓住的第二个线索是两种情感的重合点。金色花是孩子给予母亲，荷叶是母亲慈怜孩子。慈，是慈爱，就是给予快乐。怜，是设身处地同情，使自身与他人同苦，让对方获得安慰，也就是拔苦。两篇文本的重合点在于予乐拔苦，予乐拔苦是佛教所宣扬的慈悲精神，予以众生快乐，解救众生于痛苦之中。金色花，是印度圣树(与佛传故事有关)之一无忧树所开之花。金色花表达的是孩子的愿望——母亲无忧，荷叶表达的是母亲的愿望——孩子无忧，所以金色花、荷叶，合起来表达的就是孩子的无忧安宁来源于母亲的遮蔽和给予，母亲的无忧欣慰来源于孩子的童真与依恋。自读指导要抓住的第三个线索是两篇散文诗相近的写作思维与作品风格，写作思维都是捕捉平常生活中细小的物象，寄寓丰富的情感，蕴含深刻的哲理。作品风格都是语言简洁、抒情细腻、意蕴清新。由此，也就解开了合编理由的疑问，不仅拓宽了原有主题相近的判断，而且也使学生对主题的理解由叙事抒情上升到哲思。

“一课多篇”的教学实践必须破除原有以单篇为政、草率合体的错误做法，要将多篇作为一个整体，在认识其课程论指向的基础上，进行教学设计与教学实施。高中语文必修上册第三单元选编的是古代诗词作品，分为三课。第7课是《短歌行》《归园田居(其一)》，第8课是《梦游天姥吟留别》《登高》《琵琶行》，第9课是《念奴娇·赤壁怀古》《永遇乐·京口北固亭怀古》《声声慢》。3课共同实现的课程目标前文已明确，整体课程内容是感受诗人的精神世界，体会诗人对社会的思考、对人生的感悟，逐步掌握鉴赏的基本方法，学写文学短评，提升审美、文化品位。学写文学短评这个课程内容该如何实施？以第 8 课为例，将人生境遇与诗作风格之间的联系作为文学短评鉴赏点。第一，引出风格概念。从风格的多重角度理解风格概念，以概念为支架建立风格鉴赏的基本认知图式。“风格主要是指一个时代、一个流派或者一个作家的作品在整体上呈现出的独特面貌，其具体体现为作品思想和艺术独特性的总和。文学风格可从不同的角度加以辨识：从作品语言形式入手，文学风格被看作是作品的一种语言修辞特色；从作者出发，文学风格被看作是作者的创作个性在作品中的自然流露；从读者入手，文学风格被看作读者通过欣赏活动在文学作品中体味并辨认出的一种格调；从文学活动中的多重关系入手，文学风格被看作是创作主体与创作对象、作品内容与作品形式相契合时所呈现出的独特面貌。”[3]第二，提供风格点评示例资料。如“太白以气为主，以自然为宗，以俊逸高畅为贵；子美以意为主，以独造为宗，以奇拔沉雄为贵”。[4]“李如星悬日揭，照耀太虚，杜若地负海涵，包罗万汇”，“李才高气逸而调雄，杜体大思精而格浑”。[5]第三，确立风格鉴赏的角度。如《梦游天姥吟留别》所写梦境的瑰奇浪漫，想象世界寄寓的精神追求。《登高》忧国伤时、悲愁苦病的深沉情思。《琵琶行》音乐描写与景物描写的妙处。第四，结合原有阅读体验与认知图式，对三位诗人的诗作风格进行感受性描述、聚焦性评析与审美性鉴赏。

“一课多篇”编排体例的课程论指向，突破语文教学讲解课文的认知苑囿，使语文教学真正与语文课程、语文教育相贯通，课程成为师生在教与学中知识体验的动态建构，教学成为课程内容的落实与创生过程，课程与教学的一致性更加突出，课程目标、课程内容不再是制度性的标准，而是教学正在进行的学习任务与将要达成的学习目标。

参考文献

[1]余映潮.一课多篇[J].中学语文教学，2013(06).

[2]郭英德.中国古代文体学论稿[M].北京:北京大学出版社，2005:43.

[3]李西建.文学理论教程[M].西安:陕西师范大学出版社，2017:46.

[4]王世贞，罗仲鼎.艺苑卮言校注[M].济南:齐鲁书社，1992:166.

[5]胡应麟.诗薮[M].北京:中华书局，1958:67.

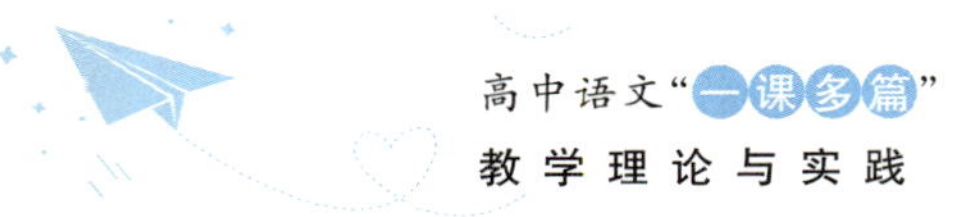

入乎其内　出乎其外

——统编高中语文教材"一课多篇"编排体例的教学实践

天津市第三中学　刘惠

摘　要：统编高中语文教材"一课多篇"编排体例的高频出现引起一线语文教师对教材解读与使用能力的自觉关注，对教材编排体例的认识要突破原有教材论的局限。一方面，从教材上溯到课程，明确"一课多篇"编排体例所包含的编者意图与课程内容指向；另一方面，从教材下沉到教学，在研读文本的基础上，借助教材的导语、学习提示和单元学习任务确定教学内容。

关键词：一课多篇　教材　课程　教学

统编高中语文教材在适配课标、课程结构、编写理念、体例结构，以及相应的教学指引上都有很大变化。"一课多篇"编排体例的高频出现已经引起了一线教师的自觉关注，但是在顺应教材变化的理性认知上，思维还比较狭窄，课程与教学理论的联结也相对薄弱，实践操作中缺少指向明晰的途径。

对"一课多篇"的编排体例的认识，一方面，要思考和明确编排体例包含的编者意图与课程内容指向，全面深刻理解部编本高中教材的革新精神；另一方面，借助"一课多篇"的编排体例有效地解读教材，有针对性地进行教学设计，全面落实语文学科核心素养的课程目标。

一、从教材上溯到课程

“课程标准”是教材、教学和评价的灵魂，是编写教材、进行教学和评价的基本依据。《普通高中语文课程标准》(2017 年版)凝练了四大学科核心素养，细化了十二个课程目标，明确了十八个任务群的课程内容。一旦明确了课程内容，“同时也就开辟了一连串教材系统的客观存在(即谁都能在教学中使用该教材)的可能性”[1]，即教材内容系统地反映课程内容。王荣生教授指出语文教学内容僵化和随意性过大并存是现实情况，主张语文教材的发展方向应该是“课程内容教材化，教材内容教学化”。[2]统编高中教材正是以这种发展方向对原有教材进行了改造与超越，将教材作为课程内容的主要载体，努力实现课程内容的教材化与结构化，编排体例上体现对课程目标和课程内容的教材分解与落实。

“‘一课多篇’的编排目的与意义在于实现课程目标的教材化分解与建立课程内容的教学化结构。当单篇文本不足以实现分解化的课程目标或者不足以支撑充实的内容结构，就需要多篇文本组合为一课，这一课与单元其他课承载的课程内容相同或者相近，都为实现同一个具体化课程目标而设置。也就是说，当单篇文本可以承担课程内容，则单篇即可为课；否则，就要多篇组合为一课。可见，课程目标具体分解到教材的每个单元，而每个单元的‘课’的组合正是为了达成某个具体的课程目标。”[3]

课要服从于单元，单元要服从于课程内容，课程内容要服从课程目标的实现。“一课多篇”中“篇”的组合关系需要认真思考和辨析。如在选择性必修下册第一单元共有四课书，属于“中华传统文化经典研习”任务群，该任务群旨在引导学生通过阅读中华传统文化经典作品，培养民族审美趣味，增进对优秀传统文化的理解，提升对中华民族文化的认同感、自豪感。该课程内容在本单元设定的单元学习目标之一是“通过本单元的研习，可以增进对古典诗歌体式和源流的了解”。第一课《氓》和《离骚》两篇，第二课《孔雀东南飞》，第三课《蜀道难》《蜀相》两篇，第四课《望海潮 》《扬州慢》两篇。本单元第一课分别选自《诗经》和《离骚》，从诗歌发展来讲，二者是现实主义和浪漫主义的源头，两篇组为一课，反映出中国古代诗歌发展的源头；《孔雀东南飞》是新乐府的代表；《蜀道难》《蜀相》两篇一课，一方面是李白和杜甫两位诗人代表了唐代诗歌的最高成就，同时，为了让学生了解唐代两种重要的诗歌体式——古体诗和近体诗，两位诗人还分别代表着浪漫主义与现实主义传统的继承与发展；而第四课《望海潮》《扬州慢》两首则是作为宋词的代表作品。

前三课的组合很容易把握，而第四课《望海潮》《扬州慢》两首词组合为一课来代表宋词的发展应该特别加以思考。首先，由于长期以来词多趋于婉转柔美，宋词便形成了以婉约词为正宗的观念，教材特别选择两位婉约派的代表作家帮助学生“了解我国古典诗歌的发展脉络”。柳永是北宋婉约词的代表，柳词的出现使北宋的词风为之一变，他在创作中继承并发展了民间词和文人词的优良传统，以其朴素自然的词风，给婉约派词带来了新的面貌，运用通俗化的语言表现市民的生活情调，是北宋“俗”词的代表。他还发展了慢词的体制，对后来词的发展作出了重要的贡献。姜夔是南宋词婉约派的代表，以清刚冷峻的词笔开创了体制高雅的格律词派，是南宋婉约词派的“雅”词的重要作家，其词讲究音律，炼字炼句，对后世，尤其是明清词坛，影响极大。这两位诗人确实是宋词的代表性词人。其次，由于词在晚唐、五代、宋初多是酒席宴前娱宾遣兴之作，故有“词为小道、艳科”“诗庄词媚”之说，词的境界狭窄。柳永的《望海潮》打破从唐开始盛行的闺怨题材，反映的是杭州城的繁华，社会的安定，人民生活的富足，词作跳出了宴饮游乐的窠臼，而描写城市的生活；姜夔的《扬州慢》同是写城市生活，则是通过扬州城的昔盛今衰的对比，抒发对历史和时代的感慨，以及一种家国之思，具有更强的悲慨意味，有助于学生“感受古人的哀乐悲欢，把握诗歌蕴含的传统文化精神”。两首词反映出宋词词境的发展变化，由花间闺怨的内容狭窄越来越接近家国大夫之志的表达，也显示出词从宴饮享乐的起源，到反映出词人情怀与心志抒写的功能变化。

整体来看，选择这两首词为一课，有助于学生了解宋词发展的特点——题材越加广阔，体制渐趋完备，功能逐渐变化。两首词或比喻夸张、借景抒情，或今昔对比、化用典故，多种艺术技巧的出现，也有助于学生品味诗词之美。

从四“课”书看，教材的编排分别反映了中国诗歌发展的重要体式，而参看本单元的学习导语，“围绕‘诗意的探寻’展开研习，品味诗歌之美，感受古人的哀乐悲欢，把握诗歌蕴含的传统文化精神，认识古典诗歌的当代价值。还要结合以前所学，了解我国古典诗歌的发展脉络，并比较不同体裁的诗歌在节奏韵律、表现手法、艺术风格等方面的异同”,可见,无论是一课一篇还是一课多篇共同组合的单元,正是为了共同完成课程内容的要求。

教材是“课程标准”的物化形态。教材受制于课程内容,又必须反映课程内容。那么在教学设计上,我们就要入乎其内,从课程层面认识“一课多篇”的编排体例,同时,出乎其外,突破单篇文章教学的惯性思维,更好地将课程、教材、教学贯通起来。

二、从教材下沉到教学

教材是课程走向教学的中介,而教学内容是教师对课程的物化形式,是对教材进行创造性的使用,进行二度开发的结果。教学内容体现教师的个性化,但个性化必须有理据的支撑。关注教材“一课多篇”的编排体例可以帮助教师整体把握教材,深度研读文本,精准确定教学内容,落实课程目标。

由于“课”与单元其他“课”承载的课程内容相同或者相近,都为实现同一个具体化课程目标而设置,所以在教学内容的转化上,教师要整体把握单元的特点,以此为基础,准确确定“课”的教学内容。统编教材每个单元由导语、文本、学习提示和单元学习任务组成,研读文本的基础上,导语、学习提示和单元学习任务就成为确定教学内容的重要依托。

导语一般要说明单元的人文主题、核心任务、学习目标等。单元人文主题是该单元应达成的立德树人的培育目标。核心任务具有统领整个单元学习的意义。学习目标主要是语文素养中工具性的教学目标与要求。

单元研习(学习)任务覆盖整个单元学习内容,兼顾人文主题和单元学习目标的落实。学习任务正是为了更好地落实导语中提出的目标。如选择性必修下册第一单元导语强调,围绕“诗意的探寻”展开研习,把握诗歌蕴含的传统文化精神,认识古典诗歌的当代价值;学习任务就有“以‘今天,我们为什么读古诗词’为题,举办一次班级研讨”。导语强调,通过本单元的研习,“增进对古典诗歌体式和源流的了解”;学习任务就有“编一本《古典诗词鉴赏集》,可以按不同的方式编排,如体式、题材、时代、风格流派等”。

导语和单元学习任务分别是在单元前和单元后出现的，而学习提示是以"课"为单位、在每一"课"的课后出现的，而非在每一"篇"后出现的。如第三课包括《蜀道难》和《蜀相》两篇。本课学习提示强调"唐诗是中华民族宝贵的文化遗产，李白、杜甫是两位具有代表性的伟大诗人。李白擅长古体诗；杜甫诸体皆擅，在律诗方面成就尤高。《蜀道难》是杂言古体诗……诵读时，一方面，要感受杂言古体诗的参差错落之美；另一方面，要想象作者笔下蜀道的雄奇险峻，体会李白诗歌的浪漫主义风格。《蜀相》是七言律诗，结构严整，法度森然"等。

学习提示帮助学生明确了学习重点、学习方法、诗人特征和文章特色等，有助于学生的自主学习。教师则可以将学习提示中的重点转化为教学提示。如果比较阅读必修本上册第三单元"生命的诗意"第八课的学习提示，这一课由李白的《梦游天姥吟留别》、杜甫的《登高》和白居易的《琵琶行并序》三篇组成一课，同是出现李白、杜甫两位诗人，学习提示就有明显不同，"李白、杜甫和白居易在中国古典诗歌史上具有重要的地位……《梦游天姥吟留别》在奇特的梦境中寄寓着深沉的慨叹。学习时要在诵读中发挥想象，品味组成梦境的意象以及梦境所隐含的精神追求……《登高》写诗人登高远眺，身世之悲与忧国之情齐集心头……《琵琶行》是一首长篇乐府诗，叙述琵琶女的故事，述说自己的人生际遇。学习时，注意琵琶女与诗人境遇的相通之处，体会诗人抒发的人生感慨。重点欣赏诗中音乐描写和景物描写的精妙"。从一课多篇的角度考虑，必修本将李白、杜甫和白居易三位诗人组合为一篇，提示中更多的是引导学生关注三位诗人不同的人生际遇；而选择性必修开篇则明确"唐诗是中华民族宝贵的文化遗产，李白、杜甫是两位具有代表性的伟大诗人"，明显是从诗歌发展的角度将两位诗人组为一课，引导学生明确唐诗中的两座高峰，并学习李白最具代表性的古体诗和杜甫最具代表性的律诗。这也和两个单元"生命的诗意"和"诗意的追寻"主题是对应的。

教材中，导语、学习提示和单元学习任务是具有一致性的。一课多篇的教学中，教师要将文本研读，导语、单元学习任务和学习提示综合考虑，不要孤立对待；更要借助一课多篇的编排特征有意识地研究文本特征和组合来进行精准设计，将教材内容真正转化为教学内容。

三、教学设计实施举隅

从教材的导语、学习提示、单元学习任务和文本研读整合角度认识"一课多篇"编排体例,能够提升教学设计与实践的科学性。以统编高中语文教材必修上册第三单元和选择性必修下册第一单元为例。两个单元选材上都是古代诗歌,但又分属于必修本和选择性必修本,通过两个单元的设计比较,有助于教师对相同体裁但分属不同课程结构的"课"的功能作用有更为深入的理解。

必修上册第三单元共三课,第七课《短歌行》《归园田居》两篇,第八课《梦游天姥吟留别》《登高》《琵琶行》三篇,第九课《念奴娇·赤壁怀古》《永遇乐·京口北固亭怀古》《声声慢》三篇。选择性必修下册第一单元共有四课书(见第一部分)。对两个单元的导语、学习提示、单元学习任务进行比较可以发现以下三点。

1.学习重点不同。必修本"生命的诗意"重在了解诗人的人生经历,"体味古人丰富的情感、深邃的思想和多样的人生";选择性必修诗歌"诗意的探寻",要了解古典诗歌体式和源流的,因此教学的重点之一是设定诗歌体式发展的内容。

2.教学方法不同。必修本侧重知人论世,以意逆志;选择性必修侧重在知人论世的基础上分析意象与意境。

3.诵读要求不同。必修本侧重理解诗人的身世有感而读;选择性必修侧重在此基础上的诗歌体式特征,感受不同的节奏韵律,在理解作品的基础上,诵读中还要辨析体式与思想情感表达之间的关系。

两个单元的教学内容各有不同,且凸显了必修本和选择性必修本的学习梯度变化,那么教学设计上就会有差异性。

如在教学资源的选择上,教师如果为课文确定配读、扩读的课内外的材料,必修本第九课可以考虑苏轼的《自题金山画像》,"问汝平生功业,黄州惠州儋州",帮助学生更多地了解苏轼的人生经历。选择性必修则会考虑增加"文人五言诗"或和诗歌发展相关的文章,帮助学生了解古代诗歌的发展脉络;而就第四课《望海潮》《扬州慢》就可以增加苏轼的诗词,了解苏轼"以诗入词"对词表现功能的开拓和意境全面拓展中的重要作用。

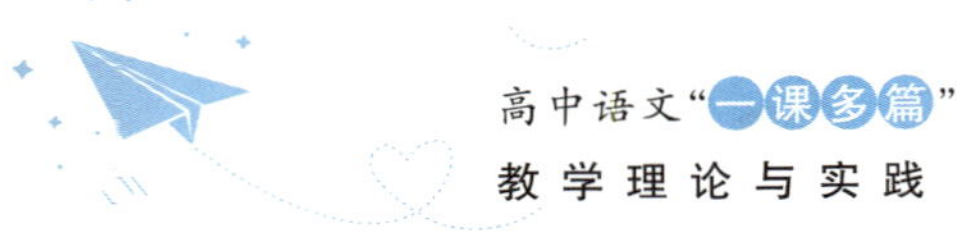

在设计学习任务时，如果是必修本，我们可以让学生比较第九课中苏轼《念奴娇·赤壁怀古》和辛弃疾《永遇乐·京口北固亭怀古》。这两首词同是写怀古诗，同是抒发自己的不得志，他们的“志”有何异同，引导学生思考两位诗人生活的不同时代给予他们的影响。而选择性必修第二课《孔雀东南飞》则可让学生按照学习任务要求从叙事诗的角度比较阅读《氓》和《孔雀东南飞》，或从“乐府双璧”的角度比较阅读《木兰诗》，引导学生对诗歌发展有进一步的认识。

在写作要求上，选择性必修在课内文本的基础上提供了课外的五首诗歌，并提出“可以从语言、构思、意象、情感等方面选择一两个角度，发现作者独特的艺术创造”。这个要求就需要教师引导学生在写作中抓住“艺术创造”，要研究和写出诗人在前人基础上的创造性的表现，而不再是必修本中学生就本单元学习的某首诗词就“意蕴和表现手法”中的一点有所阐发即可。

教师要借助“一课多篇”的体例特征有意识地研究教材以进行相对精准的设计，不仅关注教材的贯通性，还要关注差异性：在相同任务群中，即使是相似的文体，在教学设计上也要有学习和研习的不同梯度，设计中要有不同的教学重难点。

研究教材的目的不是以某种意义的教条束缚教师使用教材的创造性发挥，而是让一线教师克服教学的随意性，提高语文教学的专业性。“在教学领域里表现出来的许多问题，往往不是简单的教学问题，恰恰是范围更大的课程问题。教学改革的成功依赖于课程改革的整体推进，需要广大教育工作者不断强化课程意识。如果站在课程的立场理解教学改革，那么教学过程就不仅仅是一个纯粹的学习客观知识的过程，而应该成为教师和学生共同建构知识和人生的过程。”[4]

参考文献

[1]钟启泉.现代学科教育学论析[M].西安：陕西人民教育出版社，1993:203.

[2]王荣生.语文科课程论基础[M].上海：上海教育出版社，2005:40.

[3]马志英.“一课多篇”编排体例的课程论指向与教学实施[J].语文建设，2021(01).

[4]吴刚平.教学改革的课程论意义[J].教育研究，2002(9).

建构高中现代诗教学的“一课多篇”模式

天津市武清区杨村第四中学　王彦明

统编新版语文教材在编选体例上选择了“一课多篇”，注定会对我们的语文教育形成一种冲击与挑战。当我们寄望在旧有的教学习惯中，触摸这种编选体例的心脉的时候，就会有些失望，甚至会很快产生一种不适的感觉。这种体例的形成本身，就是基于知识而形成的编选布局，那么理解了其机制，在选择课型的时候，就有了更多选择，“一课”与“多篇”的形成的关联，将是依照文本之间的关系而决定。教读与教读、教读与自读、自读之间……这些都将是建设课程的关键。

现代诗出现在新版教材中的篇幅依然有限，但是我们无法忽视其价值。在统编新版的教材中其“一课多篇”的特征尤为突出，无论是人文主题的组合，还是任务群的组合，都极为强烈地显示着现代诗教学课型改革的势在必行。在教学中，我们需要对教学内容进行有效整合，将所教内容以序列的形式系统化安排；在具体的操作中，要将活动以清晰的逻辑呈现出来，进而可以形成认知回路。

先前的现代诗教学几乎呈现清一色地肤浅化、单向度和被动化，这与语文教师的现代诗认知能力有很大关联，同时也与我们的古典诗教、固有教学模式有关。众所周知，文本解读要从语言层面的直感性体验，进入到心理学意义的复杂性体验，最终回到美学意义上的超越性体验上来。这样才能形成以文本为中心的对话式解读的最佳效果。这个迂回的过程实则是一次学生认知的提炼与升华。而现代诗作为最被轻视的文本，实则可挖掘的空间还很充分。

建构一套完整的高中现代诗教学的诗学系统，本质是将“一课多篇”的现代史的知识系统尝试托出，作为篇目后面的建构逻辑指标，也同时为学生鉴赏现代诗、教师进行现代诗教学提供一些可能的门径。

一、现代诗教学与鉴赏

现代诗从属于文学。在理解和分析时，我们既要看出它文体的独特性，又要从文学技法的整体性去分析和思考。诗歌是语言中的语言，是文学王冠上明珠，所以在分析鉴赏时，我们应该秉持一颗深挚之心。在日常生活中就常读诗、写诗，以诗歌滋养人生，如荷尔德林所说“人，诗意地栖居在大地之上”，让我们在刻板化、机械化的人生中，寻求诗歌的滋养、艺术的涵泳。

首先，让学生了解一些关于现代诗的基础知识，能够在现代诗认知的过程中得到一些方法和路径，培养学生对现代诗产生兴趣，进而可以写出一些诗歌或者文学评论性质的文章，才可以达到现代诗鉴赏的根本目的。这是“一课多篇”教学活动化的基本保障，这也是我们研究的初衷。其次，本着立足高考的原则，紧跟高考改革的趋势。2020 新高考首次模拟考试试卷出现了现代诗鉴赏题目，考查的是辛笛老师的《刈禾女之歌》；而随后发布的 2020 年北京高考适应性测试试题的“微写作”部分第三小题，要求用“托物言志”的抒情手法以“根”为题，写一首小诗（不超过 150 字）。事实上，现代诗成为高考考题并不仅仅是在今年。现代诗（或者说新诗）进入到高考，可以追溯到二十多年前了。1998 年，全国卷考了艾青的《我热爱这土地》，是一道选择题；2000 年高考的时候，郑敏老师的《金黄的稻束》曾出现在全国卷中，考了两道选择题，现在这首诗已经进入到了人教版的教材“现代诗歌散文欣赏”；2016 年的天津卷第 20 题，则考查了李商隐《夜雨寄北》这首唐诗的现代诗译写鉴赏（要求我们从意象、修辞、结构等方面去鉴赏）；2019 年的天津卷又考查了现代诗《你在我身旁》，要求给出其获奖的理由。据此，我们看到了现代诗歌鉴赏的考查趋势，也明确了现代诗鉴赏能力在教学中的重要性。下面我们就现代诗教学中的几个诗学维度结合具体案例，做一下简要阐释。

(一)现代诗的鉴赏维度

我们融合了闻一多先生的“三美”诗学理论和翻译家许渊冲老师的翻译“三美”建构出诗歌鉴赏的三个新的维度,在此,我们称之为“小三维”。这实际是进入现代诗的基础门径,也就是可以从音韵、结构和意蕴三方面的美感来帮助我们对现代诗进行鉴赏与分析。我们丰富闻一多的“三美”主张(音乐美、建筑美和绘画美),结合翻译家许渊冲老师的翻译“三美”(意美、音美和形美)建构起这个现代诗鉴赏的新维度。这里要具体解析一下,所谓意美,就是在翻译时体现出原作的内容美;音美要求译文押韵、顺口、好听;形美,则要求诗的行数长短整齐,句子对仗工整。结合这两种理论构建起的现代诗鉴赏维度,是比较全面而具体的。我们结合具体的案例,进行一下鉴赏。2019 年天津卷 20 题,考查了戴畅的现代诗《你还在我身旁》。这首现代诗,在阅读与评论时,可以从以下角度进行:①音韵和谐,押韵使得全诗朗朗上口;②诗行错落有致,具有视觉美感;③用回溯的写法,以各种不可能出现的现象,来表达内心的渴望;④精心选择与母子关系相关联的意象,表现真挚亲情;⑤再现日常生活细节,亲切感人;⑥层层铺垫,结尾点题、单句成节,产生强烈的情感冲击。

当然了,这只是参考的几个方面,在作答的时候,需要同学们拿出相应的实例来进行说明的。

结合这道题的鉴赏方法,《你还在我身边》这首诗是从外在的音韵、外形,逐步进入情感层面的,这很像闻一多提出的“三美”——音乐美、建筑美和绘画美。当然我的讲解更偏重于前两者,“绘画美”也可以理解为“画面美”,它同样很重要,只是我们在一般的鉴赏里都会将它纳入到分析理解的过程中。《你还在我身旁》这首诗里前两节那些意象,就是在蒙太奇般的效果中,呈现一种快速的错落美感。由此,我想说,闻一多先生的“三美”理论是可以帮助我们解析现代诗的。但是它还存在这一些缺陷。所以我从许渊冲老师这里借来了“意美”。我们来看一下翻译家许渊冲老师的翻译“三美”,是意美、音美和形美。

写作和翻译,都是一种创作;许老师的翻译“三美”和闻一多先生的那个区别在于“绘画美”和“意美”上:“绘画美”强调对画面的勾画,而淡化了意义的层面;而许渊冲老师的翻译就对接了对作品的理解,这和鉴赏的出发点有很多相似性。而

在鉴赏层面，从诗歌的意义角度进行阐释和分析。这和阅读散文、小说，需要抓住中心进行分析是一个道理。我觉得能从这"三美"出发，基本上就可以解决现代诗的高考鉴赏问题。所以"小三维"也是我们综合二者提出的新理论。

(二)古典诗学对于鉴赏的有效支撑

学生接受的诗词教育，基本而言，都是从古典诗歌开始，从最初的"鹅鹅鹅""离离原上草"到现在的"寻寻觅觅，冷冷清清，凄凄惨惨戚戚""问君能有几多愁？恰似一江春水向东流""人生如梦，一尊还酹江月"，等等。尽管在面对古典诗歌的时候，我们也会陷入一种慌乱，但是那种长久的训练与浸润，总是会让我们在运用的时候，形成应激反应般的自然与连贯。

其实，现代诗与古代诗既有"割袍断义"的狠劲儿，同时还有"藕断丝连"的默默温情。尤其民国前后的中国现代诗，脱胎于古代诗，所以挣脱得并不彻底。闻一多、林庚等人先后，提出新诗的"音韵"说也是基于此。当代诗人的作品，多数重视意象和意境的塑造，既视感逐渐占据上风，就渐渐淡漠了音韵的问题；但是理解方法上，古今诗歌鉴赏的关联性还是很强的。同时还有一个不容忽视的问题就是，"小三维"在一定程度上，是从属于古典诗学鉴赏系统；甚至我后面要谈的个人体验对于作品的再造同样属于这个维度，这很像是古典诗学中的"以意逆志"。激励学生在古典诗歌学习中，多用些心思，打好基础，这对于理解任何文学作品都是有益的。

(三)个人体验对于作品的再造

个人体验之于诗歌鉴赏重要吗？当然，我们的很多文学鉴赏题，不限于诗歌，都需要阅读者可以发挥自身的创造力，使得作品得到更为充分的理解与认识。文学作品，一经写出，就不属于作者了，因为语言进入到一个新的空间系统，就会发生新的"化学反应"。作家期许的也是读者能够有自己的独到见解，可以有效地对作品进行再创造。这个再创造的唯一要求是不要曲解和误读。

即使我们理解的层面很浅，但是确实呈现了我们对于作品的认识，那就很好了。诗无达诂，接受者的直接感受、接受者的个人发挥，都是允许的。如约翰·多思的《谁都不是一座岛屿》。这首诗的作者是约翰·多恩(1573—1631)，英国17世纪玄学派诗人的主要代表。他原是牛津大学与剑桥大学的学生，还当过雅各一世的私人牧师，后来是伦敦圣保罗大教堂的教长。

在海明威的小说《丧钟为谁而鸣》的扉页会看到过约翰·多思的《谁都不是一座岛屿》。海明威用这首400年前的诗打头，就是想强调这样的世界观、现代观和文明观：人类乃是一个整体，无论国籍、语言、文化、肤色、贫富，我们都是一个不可分割的命运共同体。在疫情到来的今天，我们无法否认彼此的关联。在种种的防控中，人性从不消失，从不泯灭。你们看那些逆行者，他们正是连接我们的纽带。而“丧钟”惊醒着我们每一个人。

建构这一角度，需要在生活中可以做到热爱生活和自然，多读书，不断地去完善个人的思考能力和认知水平。这个内容也是很抽象的，但是需要我们在日常教学中落到实处，需要我们有计划地给自己“充电”，也更好地去引导学生多读书，丰富个人审美体验。做好这一工作，为鉴赏诗歌增加了可能性，并且呈现了语文或者语言对于人的精神品格的塑造能力。

其实，鉴赏现代诗是一个由技术到自我修炼提升的过程，这个过程的自主性是很重要的。而文学评论现在已经被纳入到鉴赏和写作的题型之中，很值得我们去关注。

二、现代诗教学的常见问题

第一，学生自身语言表达能力有限，积累不到位。教育背景不同导致学生的文化功底不同，阅读习惯不同。阅读基础不同导致学生对现代诗语言的处理能力，对具体情境的感知能力，存在很大差异。这就使得教师在同一节课面对着不同水平、不同层次的学生。在有限的时间内，为调整教学进度，教师很可能无法关注到所有学生，很难使学生均衡的发展。

第二，教师在阅读现代诗训练的过程中，限制学生过多，抑制学生思维发展。许多教师在高中语文教学的过程中总是试图将具体的“套路”“模板”教授给学生，这样就使学生陷入固有的模式套板中很难出新、出奇，这样的“套版理解文章”想明确地表情达意就更困难了。

解决教学过程中遇到的瓶颈，我们需要结合案例和教学实践，以实践为准绳，在结合学生情况的基础上寻求教学方法。

三、现代诗的教学建议

第一,中学语文的现代诗教学,应该在教师正确认识课堂教学的本质属性的基础上,充分发挥学科的自身的优势,把握现代诗下阅读与教学的普遍规律,根据学生实际情况探索不同的教学策略。通过不断地激发学生的阅读和鉴赏热情,有效地搜集信息,鼓励学生大胆创新,勇于发表个人见解。教学中,"一课"可以引领,"多篇"可以促进提升;当然也可以"多篇"共奏。

第二,全面理解现代诗歌,提升学生的语文核心素养。要讲清楚一首诗的情感与艺术价值,必然要知人论世,明确诗歌的创作背景和作者的写作目的 ;要疏通文义,理解关键词句;要查阅典故,明确其内涵。这些准备工作做好了才能动笔。而这一过程 就是让学生自主学习,去发现问题、解决问题。如有疑难困惑,可以与同学和老师交流讨论, 这样得来的认识比老师的灌输式讲解印象更加深刻 。活动化、数据化、指标化,既直观,又可以引发学生的参与热情,可以用讲读内容将知识讲透,就可以帮助学生在"多篇"的海洋中徜徉。

第三,培养学生独立的思考能力,引导学生对纯文学作品进行阅读,生发兴趣,鼓励学生多角度多层面分析文本,思考背后隐藏的精神价值。在聆听—辨析—系统化的过程中,努力做到"百花齐放,百家争鸣",从而将课堂的主体性交还给学生。达到叶圣陶先生所言,"胸中先有一腔积蓄,临到执笔,拿出来就是"的效果。活动化的教学将给学生更多的认知和思考余地,同时也将被动学转为了主动认知。

尽管在教学的过程中,我们还会面临许多的问题,诸如学生自身语言表达能力有限,素材积累不到位,个人文学素养有限,无法具体理解诗歌情境等;教师在教学中限制学生过多,抑制学生思维发展;不合理的评价体系抑制学生积极性等。但在高中语文教师的不断努力过程中我们寻求出了很多方法。在课下,我们对学生进行能力培养,努力引导学生多读书,读好书,构建个人的语言库和素材库;在课堂,我们尽力为学生创建具体可感的话题情境,让学生能发自内心,有感而发;

评价方面，师生共建一个以赏识性评价为主的，利用教师评价，学生自评，学生互评多种方式相结合的评价体系，最大限度地培养学生的审美能力，激发学生的兴趣，调动学生的主动性。

“一课多篇”作为一种新型的编选体例，其建构的课型也许还没有为广大教师所重视，但是随着其不断铺展开来，更多的人会意识到它在培养学生语文兴趣、构建课程化教学、提高语文教师素质方面的优势，尤其是对于现代诗的认知层面将得到极大提升，那么势必会影响语文教学的整体，甚至可能改变高考评价体系。当然对于这深层的知识谱系，还有待更多的人来进行完善。

PART 2

第二篇

课例研究

必修上册第一单元第二课

《立在地球边上放号》《红烛》《峨日朵雪峰之侧》《致云雀》教学设计

天津市静海区第四中学　张立新

一、单元任务解读

统编新教材(必修)以人文主题统领,打破文体界限;以任务群为学习旨归,聚焦语文学科知识学习。本设计初衷既紧扣新课标,又结合教学实际,立足于单元学习任务,以统编教材的课为单位,尊重"一课多篇"的编排体例来设计教学活动设计。这个单元共有三课,三课的任务主题如下。

第一课任务主题——知人论世、品味青春。

第二课任务主题——诵读梳理,感悟青春。

第三课任务主题——比较分析,评点青春。

第二课包括四篇诗作,分别是《立在地球边上放号》《红烛》《峨日朵雪峰之侧》《致云雀》,皆为现代形式的诗歌。诗人们通过不同形式、不同风格的吟唱,从不同侧面抒写了“青春”这一主题。比如:《立在地球边上放号》有着鲜明的“五四”色彩,有利于学生认识“五四”精神;《红烛》中为理想献身的精神令人震撼;《峨日朵雪峰之侧》作者在特殊时代没有消沉,而是保持着坚定的信心,对生活充满热爱;《致云雀》以云雀为歌咏对象,歌颂了理想、欢乐与光明,诗人还以云雀自比,表达了改造社会的坚定决心。

单元总体学习任务如下。

(1)通过积累、梳理、整合等语言实践活动,掌握语言文字特点和运用规律,形成个体言语经验,提高在具体语境中有效运用语言文字进行交流的能力。

(2)通过语言运用,获得直觉、形象、逻辑、辩证和创造思维的发展,以及深刻性、敏捷性、灵活性、批判性和独创性等思维品质的提升。

(3)通过课文所营造的审美意境强化审美体验,形成正确的审美意识、健康向上的审美情趣与鉴赏品位,并逐步掌握表现美、创造美的方法。

二、学情分析

虽然高一年级的学生在初中也接触过现当代诗歌,比如《天上的街市》《乡愁》《我爱这土地》等,但那只是浅尝辄止,侧重诵读识记。对于《站在地球边上放号》《红烛》这样的新诗,学生理解起来有点难度,自主的鉴赏能力不足,多篇共读,找到其相同点和不同点,并加以分析赏鉴的高层次诗歌鉴赏能力尤其不足,急需教师的引领、方法的指导与实际运用的检验。因此将本单元诗词以“一课多篇”的形式进行综合教学,对于学生进一步提升诗词鉴赏能力尤其是提升学生对诗词的综合鉴赏能力就显得尤为重要。

三、任务学习的整体思路

对于这一课的四篇诗作,要紧紧扣住单元任务即“诵读梳理,感悟青春”设计了三个课时的教学内容，采取了“一课多篇”的教学模式。具体环节为：创设情境导入新课—理清诗脉—内容探究—比异求同—情感升华—拓展延伸几个环节。诗歌鉴赏一是要有相关知识支撑，二是在吟诵中品味，三是通过历史还原找到一些相关信息互相印证，这有利于更好地理解诗歌，更准确地走入作者的心灵世界。

上课时的具体操作如下。

(1)梳理作者所描绘的内部世界的情状，发现其对客体世界的处理方式(如取与舍、强调与忽略等)。

(2)圈画选取的诗歌意象，把握诗歌意象的特点，体会诗歌所营造的意境氛围，感受作者在意象上投射出的情感态度(如褒与贬、颂与怨)。

(3)联系作者写作的时代背景，感受作者隐藏在意象描写背后的人生态度与精神追求。

四、学习任务与目标

(1)圈画选取的诗歌意象，把握诗歌意象的特点，体会诗歌所营造的意境氛围，感受作者在意象上投射出的情感态度(如褒与贬、颂与怨)。

(2)联系作者写作的时代背景，感受作者隐藏在意象描写背后的人生态度与精神追求。

(3)初步学写现代诗歌。

课前准备

(1)熟读课文，自学课下注释，初步完成单元相关练习。尽量借助搜索工具或其他途径获取与课文有关的作者、时代和文体信息。

(2)吟诵并注意四首诗歌的结构布局和意象、象征主义的写法。在同类诗作中比较异同，发现特色。

(3)根据课下注释自学本课字词、文学常识，并可以关注“青春文学”(重点在中国现当代文学)的演变流程和文学特点以及表现形式(如诗歌、戏剧、影视、音乐、绘画、工艺等，也可以是精神和商业文化方面)。

五、整体教学设计

整体意图：新版部编高中语文教材在选材的类型上突出了教读，自读，课外阅读三种编排形式，组成了“三位一体”的教学结构，一课选编两篇文章或1+X的多篇编排形式在已经出版发行的高一语文上下册中是非常之多的，表现出一种“微型教学单元”的态势。第一单元的第二课有四首诗歌，即把课文篇数众多的一“课”选定一个教学主题，当作一个教学单元来处理，采取“总—分—总”的形式可先上“单元”提示课，对现代诗做一个综合知识的介绍，然后探究异同，进行比较，最后进行单元小结，具体的来讲分为以下几个步骤：理清诗脉，内涵探究、求同比异、情感升华、拓展延伸。总之，教无定法，贵在得法，随着新课程改革的不断推进，要提高学生的语文素养，教师就要结合实际，合理地设计教学，充分地发挥语文“一课多篇”教学模式的优点，使课堂教学变得丰富多彩。

(一)第一课时

导入：情景设置

学校要举行诗歌朗诵大赛，这四首诗歌是必选篇目。请你为四首诗歌拟一个朗诵主题，并说明理由。

参考主题：吟诵青春、青春激扬、我的青春我做主等。

活动一：理清诗脉

1.诵读《立在地球边上放号》，依据行文思路，把下面的内容填写完整。

景：怒涌的白云①滚滚洪涛。

情：毁坏、创造、努力②力的赞美。

主人公形象：③勇于改造世界的先锋。

2.诵读《红烛》，依据行文思路，把下面的内容填写完整。

主体意象：红烛。

意象特点：赤红、燃烧、流泪。

意象品质:①牺牲自己,奉献自己,为他人、世界“创造光明”。

作者情感:②赞美、歌颂、追求红烛精神。

艺术手法:③托物言志(象征)。

3.诵读《峨日朵雪峰之侧》,依据行文思路,把下面的内容填写完整。

意象:①太阳、滑坡、石砾、雄鹰、雪豹、蜘蛛。

意境:②凝重壮美。

主人公形象:攀登者。

情感:③对生命的热爱,对生命力的赞颂。

4.自读《致云雀》,依据行文思路,把下面的内容填写完整。

主体意象:云雀。

意象特点:①欢乐、光明、美丽。

意象品质:②追求光明,蔑视地面,向往理想的世界。

作者情感:③热情地赞颂了云雀,表达了追求光明、蔑视黑暗,以及向往理想世界的精神。

艺术手法:浪漫主义。

【信息链接】(出自网络)

《立在地球边上放号》

1921年,郭沫若与成仿吾、郁达夫等人酝酿成立了创造社。后又结集出版诗集有《星空》《瓶》和《前茅》等。1926年参加北战,1927年加入中国共产党。他的思想逐步完成了从民主主义向马克思主义的飞跃。1928年初,在上海创作了他的第五本诗集《恢复》。1928年到1937年,郭沫若流亡日本,潜心研究中国古代史和古文字学,撰写自传、散文和历史小说等。抗战爆发后,郭沫若别妇抛雏,归国请缨,为抗日救国奔走呼号,并以强烈的爱国热情和借古讽今的原则写了《屈原》等六部历史剧,紧密配合了现实斗争。是继鲁迅之后我国文化战线上又一面光辉的旗帜。

《红烛》

1922年闻一多赴美国留学,他不堪忍受受到的歧视,写过许多爱国诗篇。1926年从美国归来,但看到的是北洋军阀统治下民不聊生、政治腐败、经济凋敝的黑暗现实,极为失望。正是这种为现实所冷却了的爱和期望,成为其诗的深层根基。诗集《红烛》由诗人在清华和美国两个时期的作品组成。不但以浓烈的色彩独树一帜，而且还以丰富的想象、精练的语言、典型的东方风格，形成了自己的独特个性。这首与诗集同名的诗篇，就是诗集《红烛》的序诗。

《峨日朵雪峰之侧》

1957 年，中共中央发出指示，在全国范围内开展了一场涉及社会各阶层的群众性反右派斗争。这一运动后来被严重扩大化，一大批响应党的号召仗义执言的知识分子和民主党派人士被错误地确定为“右派分子”，遭到不同程度的迫害。这首诗写于 1962 年 8 月，作者因被打成右派，正在距峨堡乡不远的青海省八宝农场接受劳动改造。“峨日朵”是现在的海北藏族自治州祁连县的峨堡镇的老百姓对“峨堡”一词的口语发音，“峨日朵雪峰”便是峨堡乡境内的祁连山脉中一座或者几座小雪峰。它们原本没有自己独立的名字，诗人拿来作为诗中一个如画的诗作之远景而已。

《致云雀》

诗人在写这首诗的时候，黑暗恐怖正沉重地笼罩着整个英国。大规模的“圈地运动”使百姓流离失所，大批工人流落街头，到处是弱肉强食；严重的经济危机使国家物价飞涨，工人工资骤降，人民生活贫困；愤怒的工人因此起来罢工，捣毁机器，游行请愿，然而这一切行动均遭到统治阶级的血腥镇压。这种黑暗暴政几乎压得人透不过气来，因此人们对光明和幸福生活的渴盼非常迫切，而雪莱的这首诗，在一定程度上反映了当时人们的这一迫切愿望。

(二)第二课时

活动二：内涵探究

1.诗人为什么要把诗歌的题目命名为《立在地球边上放号》，有何新意？

参考答案：通观全诗，诗人把自己想象为一个站在地球边上目光遍及广阔天地，并发出了激情的呼唤的巨人。诗人紧扣“立在地球边上”这一着眼点，借助极目远望的开阔眼界，把地球北极的北冰洋和居于地球腹地的太平洋联结起来，把北冰洋晴空中无数怒涌的白云和太平洋汪洋浩瀚的万顷波涛两个宏大画面组接起来，自然物的形象便以超乎人们常见的面积之大、数量之多和超乎人们常见之力，显示出它们的宏伟、壮观和伟力；更重要的是，通过对自然的抒写，可以看到抒情主人公的高大形象，窥视到他充实的内心，感受到他的如沸的激情，而抒情形象所显示的这种独特感情、心理，正反映了被“五四”时代怒潮唤醒的革命知识青年的共同特征。

2.《红烛》中“是谁点的火——点着灵魂?”“也救出他们的灵魂”，两个“灵魂”的含义一样吗?

参考答案：不一样。第一个灵魂，用了比喻，是蜡烛的灵魂与思想，是指蜡烛的牺牲、奉献精神。第二个灵魂，是指世人的平庸思想，意思是要拯救灵魂，拯救人类，打破束缚与无形的监狱。

3.《峨日朵雪峰之侧》中诗人突然给出一个“特写镜头”:“但有一只小得可怜的蜘蛛”。这只蜘蛛有何内涵?

参考答案:①诗歌第一节重点写征服自然的困难与危险，第二节写脱离险境后，诗人体会到征服自然的成就感，因此渴望与雄鹰、雪豹这些征服自然的勇者为伍。但小蜘蛛的出现，使前一诗节的辉煌壮丽不流于虚矫浮饰，使之凝定在一个谦卑而坚毅的高度之上，诗人也由此领悟到:在大自然面前众生是平等的，个体生命在“默享着这大自然赐予的快慰”之时，是没有大小之分的。②与前一诗节的宏阔与“嚣鸣”相对照，“可怜”与“默享”两个词甚具分量。它们对生命的热爱、对生命力的赞颂，全由这只小小的蜘蛛得到表露。很多时候，不起眼的细小意象比司空见惯的“波澜壮阔”更有力量。

4.如何理解《致云雀》一诗中“云雀”这一形象?

参考答案:诗中云雀这一形象，并不纯然是自然界中的云雀，而是诗人的理想自我形象或诗人理想的形象载体。诗人和云雀在许多方面都很相似:追求光明，蔑视地面，向往理想的世界。所不同的只是诗人痛苦地感受到理想与现实间的巨大差距，而这个差距对云雀是不存在的。从诗的整个调子中可以看出，雪莱虽感受到理想遥远的痛苦，仍以不断飞升的积极情绪去超越感伤。诗人通过云雀这一形象，表达自己追求光明、蔑视黑暗以及向往理想世界的情感。

活动三:求同比异

5.《站在地球边上放号》《红烛》《峨日朵雪峰之侧》《致云雀》在诗歌内容风格、艺术手法上有何异同?请结合作品说明。

参考答案：

同:都展示了青春的激情，充满浪漫主义色彩。

异:艺术手法表现方式的不同。

《站在地球边上放号》风格是雄奇奔放。通过夸张与排比等形式展现诗人要打破旧世界、开创新世界的抱负。

《红烛》用了比喻、拟人、象征手法,沉郁顿挫、满腔激情的风格。从蜡炬成灰变换新的内涵,倡导人们敢于牺牲、创造光明、给人间带来光明的精神。

《峨日朵雪峰之侧》运用白描、视听结合的手法,塑造了众多的审美意象,有峨日多之雪和石岩壁蜘蛛,它们共同营造出一个凝重壮美的氛围,蕴含着谦卑而强劲的生命力量。

《致云雀》用了象征手法,浪漫主义风格明显。云雀是欢乐、光明、美丽的象征。诗人运用比喻、类比、设问的方式,对云雀加以描绘。

(三)第三课时

活动四:情感升华

四首诗作都展示了青春的激情,我们刚刚开始高中的求学生活,可以说风华正茂,青春飞扬,通过四首诗作的学习,你结合自身谈一下你更欣赏什么样的青春。

活动五:拓展延伸

参照下列现代诗歌中的任意一首,以"夏"或者"冬"为对象,仿写一段文字。(注意诗歌的格式以及修辞手法)

春

一夜箫声吹红了姑娘的唇
绿色不是犯人
冲开了土地的牢门

秋

沉甸甸的枝头挂满了记忆和炊烟
妹妹挎着小篮子
摘走了红苹果的童话

仿写：

(示例一)(仿写《春》)

夏

一曲琴音拨动了浪的舞衣
湖水恐是寂寞
奏响了风荷的婆娑

(示例二)(仿写《秋》)

冬

舞动的精灵演绎着梦幻和轮回
大地珍藏起小秘密
沉睡于造物主的亲吻

(四)课后巩固

1.课后作业：青春之美，在人的一生中是弥足珍贵的。

结合本单元诗作和能够引发你思考的其他作品，发挥想象写一首诗，抒写你的青春岁月，给未来留下宝贵的记忆。注意借鉴本单元诗歌在意象选择、语言锤炼等方面的手法，使诗作多一些“诗味”。汇总所有同学的诗作，全班合作编辑一本诗集作为青春的纪念。

2.作业后的选做题，针对程度好的同学和有进一步研究意愿的学生。

进一步阅读现当代著名诗人的作品，如徐志摩、李金发、穆木天、冯至、林徽因、戴望舒、艾青、顾城、北岛、海子等。选择其中一二位诗人比较其诗歌语言和风格的异同，记录下自己的思考，写一则札记。

六、板书提纲

意象：选取与组合
形式：情感与节奏
语言：常规与变形

必修上册第二单元第四课

《喜看稻菽千重浪》《心有一团火，温暖众人心》《“探界者”钟杨》教学设计

天津市和平区教师发展中心　祁金敏

一、单元任务解读

劳动改造世界，劳动创造文明。崇尚劳动，尊重劳动，热爱劳动，是中华民族世代相传的美德；无私奉献，锐意进取，勇于创造，是新时代青年应该树立的劳动观念。本单元作品，或报道优秀劳动者的杰出事迹，或倡导践行工匠精神，或歌咏劳动的美好与欢乐，从不同角度彰显劳动的伟大意义，体现劳动精神的传承和发展。学习本单元，深入体会“劳动最光荣、劳动最崇高、劳动最伟大、劳动最美丽”的思想，形成正确的劳动观念。学会分析通讯的报道角度，理解事实与观点的关系，抓住典型事件，把握人物精神；辨析和把握新闻的报道立场，提升媒介素养。

二、学情分析

学生刚升入高中，具有一定的阅读能力，但对于比较阅读、速读略读的方法基本不掌握，梳理文章思路，探究语言使用特点等问题上缺乏具体的指导，对中国文化的理解停留在表层，很少将文化内涵放在真实的情境中理解与认同。

三、任务学习整体思路

劳动推动着社会的发展、时代的进步，也塑造着人的思想品格。袁隆平等杰出劳动者的模范事迹，彰显了劳动的崇高与美丽；普通劳动者的辛勤汗水，手工匠人的高超技艺，体现出劳动的价值与意义。我们可以引导学生选择劳动相关话题，分组进行专题研讨。

人物通讯要深入挖掘典型事件以表现人物精神，并在其中体现作者的立场和态度。阅读本课三篇人物通讯，以表格的形式梳理其中的具体事件、人物精神和作者立场。在此基础上，从本单元的人物通讯中任选一篇，基于其呈现的事实，考虑可以从哪些角度进行评论。

我们每天都会接触各种新闻，新闻在生活中无处不在。选择一份报纸或一个新闻网站，浏览一周的内容，从中挑选出三四篇你认为比较优秀的新闻作品。小组合作，从新闻价值、报道角度、结构层次、语言表达等方面草拟一份优秀新闻评选标准。每个小组按照标准评选出消息和通讯各一篇，合作撰写一份推荐书，阐述推荐理由，与新闻作品一起在全班展示、交流。

四、学习任务与目标

1.了解人物通讯的基本写作特点,掌握阅读人物通讯的一般方法。

2.理解并感悟袁隆平等人的高尚品质与精神境界。

课时设计:一课时

五、整体教学设计

(一)课文写了袁隆平哪四个方面的内容

这四个方面的内容分别体现了袁隆平作为一名科学家的哪些方面的品质?并请结合文本四个小标题所引领的内容,在下列横线上填出合适的内容。

第一问:四个小标题。1.实践是他发现真理的途径;2.创新是他的灵魂和本质;3.实事求是是他的立场和态度;4.引领“绿色革命”是他的心愿。

第二问:袁隆平的品质。1.严谨认真的工作态度,从实践中发现真理的工作方法;2.不迷信权威,不动摇,不退却,极具韧性的学术品格;3.坚持真理,捍卫真理,不计个人风险得失的道德操守;4.心怀天下,情系世界,生命不息,追求不止的理想志向。

第三问:

袁隆平是一位　扎根农田,挥洒汗水,专注敬业,严谨认真　的实践者;

袁隆平是一位　不迷信权威,不动摇,不退却,极具韧性　的研究者;

袁隆平是一位　勇于担当,坚持实事求是,不计个人风险　的捍卫者;

袁隆平是一位　心怀天下,情系世界,生命不息,追求不止　的寻梦者。

(二)课文写了袁隆平的哪些典型案例

1.人物通讯需要先进人物的典型事迹才能让人感动,给人激励,给人启迪。本文具体写了袁隆平的哪些典型事例呢？

概括典型事例一般方法：

要素归纳法：时间+地点+人物+做什么事(不必面面俱到，抓住核心要素即可)

典型事例 1：袁隆平 1960 年 7 月在湖南安江农校任教时意外找到"天然杂交稻"杂种第一代，准备培育出人工杂交稻，下定决心要把这种优势应用到生产上，战胜饥饿。

明确：表现袁隆平严谨认真的工作态度，从实践中发现真理的工作方法。

典型事例 2：袁隆平提出了当时世界上无人解决的大课题——杂交水稻。他不盲从权威，开创了世界水稻研究的新纪元。

明确：显示了袁隆平严谨的态度、创新的才能和执着的精神，不迷信权威。

典型事例 3：1964 年 7 月，他头顶烈日，脚踩淤泥，弯腰驼背寻找天然雄性不育株。

明确：展示了袁隆平不畏任何艰难困苦、矢志不移地为科学献身的崇高精神。

典型事例 4：1992 年针对杂交稻是"三不稻"的贬斥文章，用事实说明杂交稻既能高产，又能优质。

典型事例 5：1993 年以过人的胆识力排众议，主张对玉米稻大面积推广要持慎重态度。

明确：表现了袁隆平实事求是的科学精神。

典型事例 6：在一次电视台举办的活动中，袁隆平说到自己的梦(两个心愿)。

明确：表现了袁隆平是一位有理想，有不息奋斗精神的科学家

2.综合阅读本单元的三篇人物通讯，以表格的形式梳理其中的具体事件、人物精神和作者立场。

课文	具体事件	人物精神	作者立场
喜看稻菽千重浪			
心有一团火，温暖众人心			
"探界者"钟杨			

3.在此基础上,从本单元的人物通讯中任选一篇,基于其呈现的事实,考虑可以从哪些角度进行评论。

(三)劳动推动着社会的发展、时代的进步,也塑造着人的思想品格

袁隆平等杰出劳动者的模范事迹,彰显了劳动的崇高与美丽;普通劳动者的辛勤汗水,手工匠人的高超技艺,体现出劳动的价值与意义。

从下列话题中任选一个结合课文相应的具体内容,分组进行专题研讨。

话题 1:劳动的崇高与美丽

话题 2:劳动的价值与意义

话题 3:无私奉献、锐意进取、勇于创造

话题 4:辛勤劳动、诚实劳动、创造性劳动

(四)我们每天都会接触各种新闻,新闻在生活中无处不在

选择一份报纸或一个新闻网站,浏览一周的内容,从中挑选出三四篇你认为比较优秀的新闻作品。小组合作,从新闻价值、报道角度、结构层次、语言表达等方面草拟一份优秀新闻评选标准。每个小组按照标准评选出消息和通讯各一篇,合作撰写一份推荐书,阐述推荐理由,与新闻作品一起在全班展示、交流。

新闻标题	来源	新闻价值	报道角度	结构层次	语言表达	总分

必修上册第三单元第七课

《短歌行》《归园田居》教学设计

天津市第三中学　吕洁

一、单元任务解读

统编高中语文必修上册第三单元，从属于必修七个任务群之一的“文学阅读与写作”任务群，承载的课程内容是“古代诗歌审美鉴赏阅读与评论写作”，单元人文主题为“生命的诗意”，所选古代诗歌篇目寄寓诗人对社会的思考和人生的感悟，通过感受体味诗作所表达的人生境遇、情感状态、审美追求，提高思想修养和审美品位，增强对中华优秀传统文化的传承意识与热爱之情。

单元共三课。第七课选编了魏晋时期的代表诗作曹操的《短歌行》与陶渊明的《归园田居》(其一)，两首诗展示了两种不同的人生选择和人生状态；第八课选编了古典诗歌史上具有重要地位的三位唐代诗人李白、杜甫、白居易的经典诗作，《梦游天姥吟留别》《登高》和《琵琶行》，三首诗表现出诗人各自不同的人生境遇和情感世界；第九课选编了豪放词派苏轼的《念奴娇·赤壁怀古》、辛弃疾的《永遇乐·京口北固亭怀古》和婉约词派李清照的《声声慢》三首词，展示出宋词发展过程中不同的审美追求。

单元三课承载的课程内容具有结构化的特点。第七课是理解诗作“人生态度”，诵读体会四言乐府诗与五言古体诗在韵律、节奏、表达技巧上的不同，重点篇目是质朴刚健表达积极入世态度的《短歌行》；第八课是感悟诗作的“人生境遇”与“精神世界”，感知体验不同时期唐诗的精神风貌与体式手法差异，重点篇目是以浪漫瑰丽想象见长的《梦游天姥吟留别》和以忧国之思悲苦之情堪为典范的《登高》；第九课是比较豪放词与婉约词在审美追求上的不同，感受词作在词境营造上的典型风格，重点篇目是词风雄浑苍凉词境宏阔的《念奴娇·赤壁怀古》。三课整合起来照应支撑单元课程内容。

单元总体学习任务：

1.学习运用知人论世的文学评论方法，了解诗人的生平、创作背景、审美理想，深入体味诗作思想情感内涵，理解诗人对社会的思考与对人生的感悟。

2.以诵读为载体，反复揣摩诗作音韵节奏所传达的情感意味，增强对中国古典诗词音韵美的体验与认知。

3.初步掌握从诗歌体式、作品意蕴、创作手法、风格流派鉴赏中国古典诗词的角度，学写文学短评。

三大任务覆盖诗歌审美过程、鉴赏方法、审美表达，清晰指向了审美鉴赏与创造、文化传承与理解、语言建构与运用等核心素养。

二、学情分析

高一学生在初中学段已经学习过陶渊明的《桃花源记》《五柳先生传》《归园田居（其三）》《饮酒（其五）》和曹操的《观沧海》《龟虽寿》，对陶渊明厌恶社会物欲名利之争不与世俗同流合污的心态比较了解，对其选择归隐山林追求自由的生活理想有初步认识。《归园田居》五首是一个不可分割的有机整体。本课的“其一”是从辞官场角度，描写了恬美幽静的田园风光，表达了诗人归园后恬淡的愉悦心情和对污浊官场的憎恶。初中所选“其三”是从“乐农事”角度写出了劳作的艰辛，但这种艰辛在作者看来是快乐的，暗含了作者对田园生活的热爱和对官场黑暗社会污浊的批判，反映了作者高洁傲岸、安贫乐道、淡泊名利的精神品质。学生可以将新知与旧知之间建立联系。相比而言,《观沧海》表达了诗人以景托志、胸怀天下的进取精神。《龟虽寿》作为初中课外诵读篇目则表现了诗人老当益壮、积极进取的人生态度。学生对曹操热爱生活的乐观态度、在讴歌大自然过程中渗透的渴望建功立业的豪情有所感知。但对曹操形象的把握大多停留在“胸怀大志”上,并不似陶渊明般立体。结合时代背景,曹操的形象以及他投射到诗歌语言上的思想需进一步挖掘。

关于诗体形式的储备,学生在初中阶段对古体诗与近体诗都有过接触,但四言、五言古诗在精讲篇目中只出现过《诗经》及“乐府”的极少篇章,学生对其韵律节奏、艺术特点缺少进一步揣摩。

在历史、政治、文学又跨上一个台阶的高中学生对魏晋时期的理性思考更多一些,不再局限在平面的时间轴,而是以自己的世界观构架对那个时代的判断,有对二人不同人生选择的探寻欲望。

三、任务学习整体思路

本课学习以活动实践、自主学习为主线,围绕“诗意人生中的选择”这一人文主题,将三个学习任务分别从积累鉴赏、诵读体悟、写作表达(写作体现在诵读脚本与评价表的创立上)等三个方面落实,对应本单元承载的文学阅读与写作任务群的学习目标。

按照认知顺序,从自主阅读到赏鉴诵读,再到启迪人生各抒其志、尝试评价推动学习进程,充分利用学习储备与学习预期,以实践性、情境化的课堂引导学生深入学习,提升学习能力,增强文化体验。用“一诵”与“一赏”穿插落实“知人论世”文学评论方法的应用;用“二诵”与“一评”来深化学生对两位诗人人生选择差异及相同点的理解;最后用“一写”来扣住文学短评写作的要求。

四、学习任务与目标

1.搭建知识支架,利用原有认知经验,深入理解知人论世文学评论方法的内涵与作用。

2.从乐府诗的特点分析,进入《短歌行》的诵读体味,感悟曹操对时光、贤才、天下的忧思与感慨。

3.与《归园田居》的田园生活情趣的对比,领悟两首诗作中体现出的作者不同的人生选择与人生状态,获得思想启迪。

4.小组合作进行角色诵读,借助动作、表情以及配乐,体会四言乐府诗和五言古体诗在音韵、文辞、情感表达上的差异,交流讨论诗作中最能引发自身感触的魅力所在。

5.结合《学写文学短评》的知识短文,选择两首诗作的任意一首,尝试写古典诗歌短评。

课时设计:两课时

五、整体教学设计

整体意图:让学生在"诵而达,达而悟,悟而品"的大任务引领下完成各个小的学习任务,由朗诵上升为悟诵,由文字、文学上升为文化。

(一)第一课时

导入:言为心声,在浩渺的历史长河中,借助文字、文学作品,我们看到过一张张清晰的面庞,感知过文人骚客的踌躇彷徨,探寻过仁人志士的欣喜惆怅,今天老师和同学们一起走进汉魏殿堂,看看曹公与五柳先生会对自己的人生做出怎样的选择。

环节一:探——其人其事的发现(了解诗人、创作背景及相关作品)

1.学生借助互联网和其他资源,结合初中所学知识,查阅本课两首诗词创作

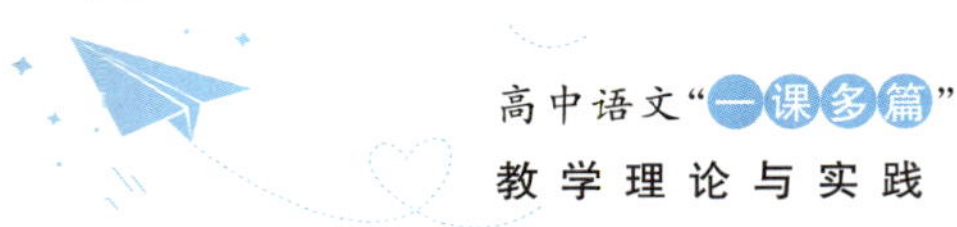

的背景，诗人生活的时代及特点，作者、代表作品及风格等，填写教学设计表一并进行分组展示。

教学设计表一

诗歌题目	作者	生活时代及个人特点	个性特点	代表作品及风格	创作背景	问题存疑
《短歌行》	曹操					
《归园田居》	陶渊明					

教师点拨：魏晋时期可以说是中国诗歌的“自觉期”，两位重要的诗人所处时代相近，但风格迥异，回望他们的作品，我们不难感受到时代与遭际赋予他们各自的特点。

明确：

诗歌题目	作者	生活时代及个人特点	个性特点	代表作品及风格	创作背景	问题存疑
《短歌行》	曹操	东汉末年，这一时期社会生活动荡，灾害频发，民众生活多艰。政治格局乱象丛生，中央政府威信极度退化，各种势力纷繁交错	机智警敏，有随机权衡应变的能力，而且任性好侠	《蒿里行》《苦寒行》《步出夏门行》等。朴实无华、不尚藻饰、感情深挚、气韵沉雄。情调上，慷慨悲凉，开建安文风	众说纷纭，一说是赤壁大战前，曹操宴饮宾客时所吟诵	
《归园田居》	陶渊明	东晋偏安江南，是门阀士族政治，与北方的五胡十六国并存，内部四分五裂	自幼学习儒家经典，也受道家熏染，热爱自然，有“猛志”，不愿流俗	《归园田居五首》《拟古九首》《桃花源记（并诗）》等。是田园诗的开创者。他的田园诗以纯朴自然的语言、高远拔俗的意境见长	在义熙元年（405年）四十一岁时，最后一次出仕，做了八十多天的彭泽县令即辞官回家。归来后，作《归园田居》诗一组	

2.问题:在那样一个动荡的年代,同学们会选择“出世”还是“入世”?

环节二:一诵——其诗其情的感知(初步诵读体味曹操对时光、贤才、天下的忧思,以诵读为载体,揣摩诗韵)

1.齐读本诗,回顾初中自读篇目《龟虽寿》,畅谈乐府诗特点。

《短歌行》是汉乐府曲调名,“长歌”“短歌”指依歌词音节的长短而言。诗句都是四字句,就称为“短歌”。“行”是古代诗歌的一种体裁。《短歌行》是曹操按旧题写的新辞,原作共两首,是曹操的传世名篇。

明确:

汉乐府诗:

(1)语言朴实自然。汉乐府民歌多用生动的口语,亲切朴素,叙事同抒情结合,感情真挚动人。

(2)押韵灵活。汉乐府民歌的押韵自由,灵活多变。

(3)用对话或独白形式叙事。汉乐府诗巧妙地熔铸对话刻画人物,声情毕肖,使人如闻其声,如见其人。

(4)浪漫主义的色彩。汉乐府民歌虽多抒写现实,但亦有不少作品有浪漫主义色彩。

(5)排偶句。排偶句也可以说是汉乐府在形色方面的特色。

(6)回环往复,音韵和谐。

曹操对汉乐府的发展:

(1)善用旧调旧题描写新的内容。汉乐府诗多着重塑造客观人物形象,曹操的乐府诗却突破诗人的自我形象;汉乐府诗以叙事为主,曹操的乐府诗却以抒情为主。

(2)他没有从形式上模拟乐府,而是学习民歌反映现实的创作精神,用旧曲作词,既具有民歌的特色,而又富有自己的创造性。

(3)曹操善于以诗歌抒写政治理想和抱负,雄心壮志,诗中充满奋发进取的精神。部分诗中则杂有思忧难忘、人生朝露的消极情绪,还有宿命思想,他还创作过一些游仙诗。

教师点拨:以诵读为媒介,复习四言诗及乐府诗相应知识,是为了继续感知诗人的创作及形象。

2.曹操究竟是怎样的形象呢?展示《三国演义》与《三国志》中的片段,谈谈曹操形象有什么区别？原因何在？

三段选文：

吕布袭刘备，取下邳。备来奔。程昱说公曰："观刘备有雄才而甚得众心，终不为人下，不如早图之。"公曰："方今收英雄时也，杀一人而失天下之心，不可。"

——《三国志·魏书·武帝纪》

公至赤壁，与备战，不利。于是大疫，吏士多死者，乃引军还。备遂有荆州、江南诸郡。

——《三国志·魏书·武帝纪》

却说曹操知周瑜毁书斩使，大怒，便唤蔡瑁、张允等一班荆州降将为前部，操自为后军，催督战船，到三江口。早见东吴船只，蔽江而来。为首一员大将，坐在船头上大呼曰："吾乃甘宁也！谁敢来与我决战？"蔡瑁令弟蔡壎前进。两船将近，甘宁拈弓搭箭，望蔡壎射来，应弦而倒。宁驱船大进，万弩齐发。曹军不能抵当。右边蒋钦，左边韩当，直冲入曹军队中。曹军大半是青、徐之兵，素不习水战，大江面上，战船一摆，早立脚不住。甘宁等三路战船，纵横水面。周瑜又催船助战。曹军中箭着炮者，不计其数，从巳时直杀到未时。周瑜虽得利，只恐寡不敌众，遂下令鸣金，收住船只。

——《三国演义》第四十五回

明确：《三国志》作为史书，撮精义，客观展现历史风貌；《三国演义》作为小说，具有强烈的时代精神特色及作者的情感倾向。我们要培养自己理解创作者的"创作起点"意识。

3.反复诵读《短歌行》，思考该诗中的抒情主人公更接近《三国演义》与《三国志》中哪个曹操的形象。

明确：《短歌行》中的抒情主人公圆润而饱满，与文学作品《三国演义》接近；而其在读者心中留驻的形象则与陈寿在《三国志》中呈现的更类似。

4.搜集史书和名人对曹操的评价

例如，鲁迅说：曹操至少是一个英雄。 ——《魏晋风度及文章与药及酒之关系》

司马光评价曹操：以魏武之暴戾强伉，其蓄无君之心久矣。乃至没身不敢废汉而自立，岂其志不欲哉？犹畏名义而自抑也。 ——《资治通鉴》

通过辨析，理解“知人论世”的文学评价方法。

明确：“知人论世”出自《孟子》的《万章·章句下》。孟子的本意是论述阅读文学作品时对作者本人思想、经历等的把握问题。孟子这段话对后世真正发生影响的，正是“知人论世”的主张。它与“以意逆志”一样，成为传统文学批评的重要方法，也奠定了孟子在中国文学批评史上的重要地位。作为创作者，曹操、陈寿、罗贯中在自己的作品中都留下了属于自己的特殊的痕迹。

教师点拨：朗诵是我们拉近与诗人距离的最佳途径，在抑扬顿挫中我们既可以品评诗境、玩味语言，也可以创设形象、领悟情感。我们要学会运用知人论世的文学评论方法，并尝试分析诗歌的外在形态、语句特点与诗歌表意之间的关联。

环节三：赏——艺术魅力的挖掘（感受意象，浸入诗歌意境，分析艺术手法，赏析语言，领悟诗情）

1.“心怀天下之忧”和“山野田园之归”是两种不同的人生选择。引导分析《短歌行》之“忧”源于什么？怎样体现？展现怎样的诗人形象？自主完成《归园田居》的分析，填写教学设计表二，探寻其主体思想感情。

明确：可以抓住诗中关键词句，如“忧思难忘、何以解忧、忧从中来、归心（解忧）”来品读。“忧”自人生短暂、求贤难得、功业未就。诗人借助用典、比兴、引用等手法，将胸怀大志、思贤若渴的人物形象展现得淋漓尽致。

教学设计表二

诗题	题材	体裁	意象	意境	艺术手法	语言节奏	语言特点	思想情感
《短歌行》								
《归园田居》								

教师点拨：作为“一课多篇”的典型主副篇目代表，两首诗都有着清晰的情感走向，都运用了丰富的艺术手法。正因为其各自的人生状态与人生选择不同，所以折射到诗文当中才会有不同色彩。我们要做到以主带副，举一反三。

明确：

诗题	题材	体裁	意象	意境	艺术手法	语言节奏	语言特点	思想情感
《短歌行》	求贤诗	四言诗，乐府旧题	月、星、乌鹊、朝露等	慷慨深沉	用典、比兴	二二顿	慷沉稳顿挫	抒写诗人求贤如渴的思想感情和统一天下的雄心壮志
《归园田居》	田园诗	五言古诗	山、鸟、林、柳、桃李等	平和淡然	比喻、白描、多变的写景角度	二三顿、二一二顿	明白清新，几如白话，质朴无华	对官场生活的强烈厌倦，感慨田园风光的美好动人，农村生活的舒心愉快，表达了对自然和自由的热爱

(二)第二课时

导入：要充分理解一个诗人，不仅要以意逆志尽力读懂他的诗作，更要深入体悟诗作蕴含的思想追求与情感意味。当我们由外在而入内心，穿越时空站在诗人的身边，一起凝望那个时代时，你会吟诵出怎样的声音？会做出怎样的选择呢？

环节一：二诵——出世入世的碰撞。(通过小组合作进行两首诗的角色诵读设计，借助情绪、动作、表情以及选择适当的乐曲等多种形式诵读诗歌作品，体会四言乐府与五言古诗在音韵美、文辞美、情感表达上的差异。交流诗作魅力所在)

1.播放电视剧《三国演义》赤壁大战前曹操饮宴宾客，高唱《短歌行》的片段，思考演员的表演、背景音乐、布景，以及导演对镜头切换的把握依据是什么。“出世”“入世”小组分别揣摩本组对应诗歌，从声与情、内与外、诗与乐、诗与画中任选一个角度，进行诵读方案设计，并说明、展示。

教师点拨：诵读方案的设计包含对角色的理解与选择，也包含对四言诗、五言诗音韵特点甚至对诗歌这种艺术形态的认识。精准的意图表达与个性化的角色诵读展示是同学们思想中“出世与入世”矛盾碰撞的火花。我们以“诵读”验收上一节课的环节三，落实对志士之慨与隐士之情的把握。

明确：

(1)关于角色。可以充分设想作为主要吟诵者的曹操与陶渊明可能出现的场景。可以辅以其他人物，可以辅以其他道具。在设计古诗词朗诵脚本时，须明确作者发自内心的真实情感，并使场景动静和谐、情节合理、道具有效。

(2)关于节奏。认真揣摩作品的重复、停顿，抓准诗歌的节奏。节奏是体现在节拍的划分上的，汉字以一个字为音节。一句诗中的几个音节并不是孤立的，一般是两两组合形成停顿(音步)。

四言两顿，音节是二二(如《短歌行》：月明/星稀，乌鹊/南飞)。五言一般是两顿或三顿，音节是二三、二一二或二二一(如：欲穷/千里目，更上/一层楼。海内/存/知己，天涯/若/比邻。白日/依山/尽，黄河/入海/流)。七言是四顿，音节是二二二一或二二一二(如：孤帆/远影/碧空/尽，唯见/长江/天际/流。两个/黄鹂/鸣翠柳，一行/白鹭/上青天)。

(3)关于轻重、快慢。在词或语句里念得加重的音叫作重音。重音又可分为语法重音和逻辑重音。语法重音是句中的主要动词以及表性状和程度的状语。逻辑重音是读者随情感的需要突出和强调的词语。同时，朗诵要注意快慢，譬如，高兴、害怕、激动、愤怒，宜快；悲伤、失望、冷淡、庄严，宜慢。同时，要有抑扬。字有四声，阴阳上去；句有起伏，抑扬顿挫。高升调：表示鼓励、号召、反问、申诉等感情。降抑调：表示果敢、坚决、自信、赞扬等感情。平直调：表示悲痛、冷淡、庄严等感情。曲折调：表示惊讶、怀疑、讽刺、双关等复杂的感情。

(4)关于基调的把握。基调在音乐作品中是指主要的高低长短、配合成组的音，通常用以贯穿作品的全过程。诵读中的基调是根据感情而确定的气息、音色。一般说来，爱的感情“气徐声柔”；憎的感情“气足声硬”；悲的感情“气沉声缓”；喜的感情“气满声高”；惧的感情“气提声凝”；欲的感情“气多声放”；急的感情“气短声促";冷的感情"气少声平";怒的感情"气粗声重";疑的感情"气细声黏"。

(5)关于情绪处理。在设计古诗词朗诵脚本时,要把握细节变化,喜怒哀乐之情程度不同,声音的表现也不同。小喜声丽,如"有时三点两点雨,到处十枝九枝花";小怒声愤,如"颠狂柳絮随风舞,轻薄桃花逐水流";小哀声伤,如"泪流襟上血,发变镜中丝";小乐声逸,如"谁家绿酒欢连夜,何处红楼睡失明";大喜声放,如"春风得意马蹄疾,一日看尽长安花";大怒声躁,如"解通银汉应须曲,才出昆仑便不清";大哀声惨,如"主人夜呻吟,皆入妻子心";大乐声荡,如"骤然始散东城外,倏忽还逢南陌头"。

环节二:思——"招贤榜""拒仕书"的选择。(于情境中感悟诗人不同生命状态下的人生选择、价值追求,挖掘文化根源,从而获得启迪)

1.品评角色诵读,填写评价表格,做出自己的选择。揭下曹操的"招贤榜"还是拿起陶潜的"拒仕书"?是否还坚持自己前一节课的选择?说说是什么打动了你,抑或是什么让你更加坚定。

评价表格

诗题	诗人人格魅力值	诗歌语言魅力值	诗歌情感魅力值	展示者展示魅力值	其他魅力值说明
《短歌行》					
《归园田居》					

2.思考这两种人生选择是否都吻合诗人经历与个性? 在"异"外表之下是否有"同"?

教师点拨:通过欣赏展示,学生自主评价反思,深挖文化根源,曹操深受当时儒家思想的影响,他想要做到的是兼济天下。而当时的陶渊明深受儒家思想的影响,他追求的是独善其身,追求内心的宁静。但无论是哪种选择,都是对内心坚守。两种选择没有孰是孰非,都是儒家积极的人生观,坚守内心,殊途同归。评价是理性的升华,无论是对作品艺术性的评价还是对作品主题的评价,都是深入了解背景,解读文本,思考对比之后的产物。"诗意人生"尽显于此。

环节三:课后作业。(涵泳诗歌,巩固提升。增强对中华优秀传统文化的传承

意识)

1.从《短歌行》《归园田居》中选自己喜欢的一首诗,至校园朗读亭进行配乐朗诵。

2.结合《学写文学短评》的知识短文,任选一首从任意角度尝试写古典诗歌短评。

教师点拨:由环节二的生评任选角度,以最小“切口”,探文学短评的基本形态,做到叙议结合、以小见大、精于论略于感。

六、板书提纲

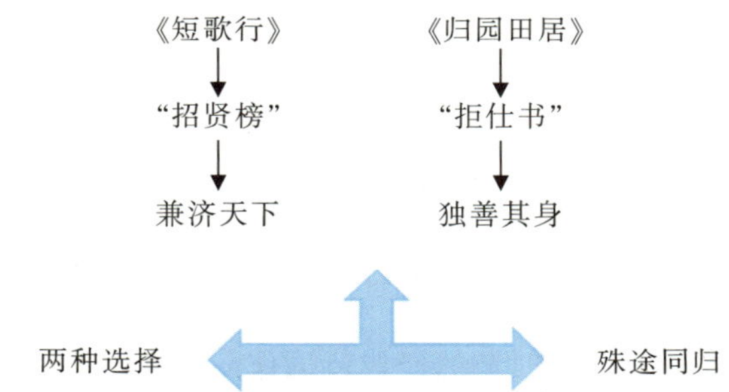

参考文献

[1]钱志熙.汉魏乐府艺术研究[M].北京:学苑出版社,2011.

[2]周刚.统编教材必修上册第三单元写作导引[J].作文新天地(高中版),2020(10):10-20.

必修上册第三单元

古代诗歌教学实践

天津市第十四中学　王莉

一、单元任务解读

本单元精选了魏晋至唐宋时期的经典诗词作品共八首诗，分为三课。第 7 课《短歌行》《归园田居（其一）》都是魏晋时期的代表作品，都表达了诗人的人生思考和人生选择。第 8 课的三首唐诗，李白的《梦游天姥吟留别》、杜甫的《登高》和白居易的《琵琶行》体式不同，风格各异，作品抒发的情感因诗人所处时代和个人遭际不同而呈多样风貌。第 9 课宋词三首，苏轼的《念奴娇·赤壁怀古》、辛弃疾的《永遇乐·京口北固亭怀古》和李清照的《声声慢》（寻寻觅觅）分属一般认为的豪放、婉约两种风格的经典之作，词作的风格特点是学习的重要内容，词作中体现的情感世界，词人的生命思考与精神也是学生要重点学习的内容。在新教材的编写中，选择魏晋至唐宋这一中国诗歌发展最为辉煌的时间段，按照时代顺序选择不同体式的诗词组合单元，体现了知识的连贯性与多样性，让学生更能体会中国古代文人深植骨髓的家国情怀。符合 2017 年新课程标准，"坚持立德树人，增强文化自信，充分发挥语文课程的育人功能"的基本理念。

2017 版新课标对本单元任务的解读为："文学阅读与写作"学习任务群，人文主题是"生命的诗意"。本任务群旨在引导学生阅读古今中外诗歌、散文、小说、剧本等不同体裁的优秀文学作品，使学生在感受形象、品味语言、体验感情的过程中提升文学欣赏力，并尝试文学写作，撰写文学评论，借以提高审美鉴赏能力和表达交流能力。

本单元学习目标：

(1)通过本单元作品的学习，认识古诗词的当代价值，提高思想修养和文化品位，增强对中华优秀传统文化的传承意识，增强文化自信。

(2)学习本单元不同时期、不同体式的经典诗歌作品，借助知人论世、以意逆志等方法把握诗歌内涵，体察诗人对社会与人生的思考，理解诗人的精神境界，提升综合审美鉴赏力。

(3)通过诵读涵泳，发挥联想和想象，感受诗歌的意境之美、独立欣赏诗歌独特的艺术魅力，感受诗人对生命的认知，加深读者珍爱生命、充实人生的意识，进而达到人生的超越。

(4)在学习本单元作品的基础上，联系对既往文学作品的学习，根据自身实际情况，写一篇文学短评。

二、学情分析

高中一年级的学生经过了九年义务教育阶段语文学科的学习，已经具有一定量的古诗词储备和历史知识的储备，同时对一些知名诗人和代表作也有了一定程度的了解，基本掌握诗人的生活背景和人生经历，能背诵一定数量的诗词，并能基本感悟诗人的情感基调和写作风格。但学生对于诗词和诗人情感的理解，识记层面的知识较多，深层的内涵理解的较少，还不能将诗人的情怀与自身的生活相联系，不能在诗词中找寻指导自己人生方向的契合。此外，学生独立自主的鉴赏能力不足，一课多篇，多篇共读，在比较和对照中找到其相同点和不同点，并加以分析赏鉴的高层次诗词鉴赏能力尤其不足，急需教师的引领、方法的指导与实际运用的检验。因此将本单元诗词以"一课多篇"的形式进行综合教学，针对"生命的诗意"这一单元主题,找准诗词中"生命"这一主线,引导学生通过自主活动逐步深入的进行挖掘和体悟,进一步提升学生的诗词鉴赏能力和综合鉴赏能力,培养学生的美育品格,强化对学生的生命教育。

三、任务学习整体思路

本课时学习任务以"生命"为主线进行设置,围绕"生命的诗意"这一单元人文主题,进而升华为"生命的超越"这一人生境界,将第七课的曹操、陶渊明,第八课的李白、杜甫和第九课的苏轼和辛弃疾六位诗人对"生命的认知"进行综合分析,之所以选取这六位诗人,是因为他们对生命的认知和选择与他们生活的时代背景和身份特征有着密不可分的联系。本课时分别从体会"生命意识"、探究"生命过程"和感悟"生命价值"三个层级组织学生开展学习活动,使学生在感悟诗人对生命的认知过程中提升文学鉴赏能力和对人生的深刻思考,并借鉴教师推荐的课外书籍学习撰写文学短评,借以提高审美鉴赏能力和表达能力,对学生进行美育教育和生命教育。

四、学习任务与目标

(1)语言建构与运用目标:学生通过自主活动按教师提示的要求提取关键词句,体会曹操、陶渊明、李白、杜甫、苏轼、辛弃疾诗词语言的精妙之处,初步了解诗人各自对生命的态度。

(2)思维发展与提升目标:学生通过讨论交流掌握分析诗人生命意识的方法,教师引导学生通过活动掌握从景物、人事入手分析诗词情感的方法,进而体会其创作风格。

(3)审美鉴赏与创造目标:学生共同探究、深入领会把握六位诗人的生命意识。

(4)文化传承与理解目标:联系诗人的生平经历、时代背景,学生通过研讨活动加深对生命的认识和理解,从而达到珍惜生命、充实人生、实现人生的超越的教学目标。

课时设计:一课时

五、整体教学设计

(一)课前准备

1.任务情境:课内文本《短歌行》《归园田居(其一)》《梦游天姥吟留别》《登高》《念奴娇 ·赤壁怀古》《永遇乐·京口北固亭怀古》

课外文本《龟虽寿》《归园田居(其四)》《将进酒》《奉赠韦左丞丈二十二韵》《江城子·密州出猎》《破阵子·为陈同甫赋壮词以寄之》

2.学生活动:依据课前阅读和感悟,自主完成下列表格

诗人	诗作	时代背景	人生阶段	内心情感
曹操				
陶渊明				
李白				
杜甫				
苏轼				
辛弃疾				

(二)鉴赏活动

1.体会“生命意识”

(1)任务情境:教师提出活动主导问题,即从六位诗人的诗作中体会什么是生命意识。

(2)学生活动：交流课前准备内容，初步体会什么是"生命意识"，探究六位诗人的"诗意人生"和"生命的诗意"。

(3)教师评价：明确"生命意识"即为诗人对生命过程和价值的认知，对生命长短和对死亡的看法，对人生理想是否能够实现的态度。

2.探究"生命过程"

(1)任务情境：教师提出活动主导问题，即六位诗人是如何认识生命过程的？

(2)学生活动：①阅读课内外材料，提取并分析与生命过程相关的诗句。②归纳六位诗人对生命长短和对死亡的认识以及分析表现手法。

作品	作者	朝代	具体诗句	生命过程特点	表现手法
《短歌行》	曹操	三国			
《龟虽寿》					
《归园田居(其一)》	陶渊明	东晋			
《归园田居(其四)》					
《梦游天姥吟留别》	李白	盛唐			
《将进酒》					
《登高》	杜甫	唐由盛转衰			
《奉赠韦左丞丈二十二韵》					
《念奴娇·赤壁怀古》	苏轼	北宋			
《江城子·密州出猎》					
《永遇乐·京口北固亭怀古》	辛弃疾	南宋			
《破阵子·为陈同甫赋壮词以寄之》					

(3)教师评价:六位诗人的"忧"来自对生命的易逝、短暂和有终结,通过对生命的珍惜和实现人生价值实现人生超越,这一情感均通过直接和间接的手法加以表达。

3.感悟"生命价值"

(1)任务情境:教师提出活动主导问题,即六位诗人是如何认识生命价值的?

(2)学生活动:①阅读分析材料,提取与生命理想相关的诗句。②与诗人的现实经历相比较,交流讨论六位诗人对生命价值的认知。

作品	作者	朝代	具体诗句	现实经历	生命价值
《龟虽寿》	曹操	三国			
《归园田居(其四)》	陶渊明	东晋			
《将进酒》	李白	盛唐			
《奉赠韦左丞丈二十二韵》	杜甫	唐由盛转衰			
《江城子·密州出猎》	苏轼	北宋			
《破阵子·为陈同甫赋壮词以寄之》	辛弃疾	南宋			

(3)教师评价:六位诗人的"忧"来自"生命理想"与"现实经历"之间的矛盾,他们的生命理想是"兼济天下",而现实经历却是"生命过半,理想尚未实现"。

(4)学生再次活动:讨论交流不同诗人选择不同超越途径的原因。

作品	作者	朝代	具体诗句	人生经历	超越途径
《短歌行》	曹操	三国			
《归园田居(其一)》	陶渊明	东晋			
《梦游天姥吟留别》	李白	盛唐			
《登高》	杜甫	唐由盛转衰			
《念奴娇·赤壁怀古》	苏轼	北宋			
《永遇乐·京口北固亭怀古》	辛弃疾	南宋			

(5)教师再次评价：

六位诗人对“生命超越”的程度来自他们的社会背景与身份特征，三国的积极，东晋的回避，盛唐的批判，唐末的现实，北宋的超脱，南宋的腐败形成了多元化的社会背景，但六位诗人的身份特征又注定了他们的自觉程度，均能从不同的角度实现自身的“生命超越”：曹操在绝望中砥砺前行，实现了生命的超越；陶渊明在自然中获得慰藉，实现了生命的超越；李白在对现实的批判中笑傲人生，实现了生命的超越；杜甫在孤独中悲悯民生，实现了生命的超越；苏轼在对宇宙的体察与思考中，实现了生命的超越；辛弃疾在悲愤中寄托豪情，实现了生命的超越……

(三)课外延伸

1.推荐阅读书目，俞平伯的《唐诗鉴赏辞典》，夏承焘的《宋词鉴赏辞典》，周汝昌的《周汝昌讲唐诗宋词》。

2.自学本单元其他诗词，在中唐白居易和南宋李清照中任选一人，从生命意识的角度进行分析，写一篇文学评论。

六、板书提纲

抒情词句→直接抒情→感情倾向←间接抒情←景物人事

↓

<table>
<tr><td></td><td></td><td>三国</td><td>积极</td><td></td><td></td></tr>
<tr><td></td><td></td><td>东晋</td><td>回避</td><td></td><td></td></tr>
<tr><td>矛盾</td><td>→</td><td>盛唐</td><td>批判</td><td>→</td><td>超越</td></tr>
<tr><td></td><td></td><td>唐末</td><td>现实</td><td></td><td></td></tr>
<tr><td></td><td></td><td>北宋</td><td>超脱</td><td></td><td></td></tr>
<tr><td></td><td></td><td>南宋</td><td>腐败</td><td></td><td></td></tr>
<tr><td></td><td></td><td>↙</td><td>↘</td><td></td><td></td></tr>
<tr><td></td><td></td><td>社会背景</td><td>自觉程度</td><td></td><td></td></tr>
</table>

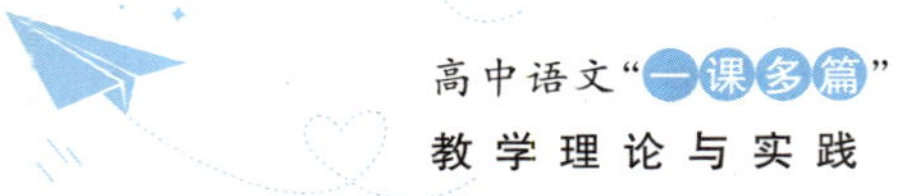

必修上册第六单元第十课

《劝学》《师说》教学设计

天津市宁河区芦台第一中学　赵毅

一、单元任务解读

统编版高中语文必修上册第六单元，从属于“思辨性阅读与表达”学习任务群。按照课程标准的总体规划，该任务群在必修上、下两册书中，共安排三个单元的学习。而本单元是其中的第一个单元，围绕“学习之道”的单元人文主题展开，所选六篇文章旨在让学生面向生活在不同历史时期的先贤求取学习经验，从而反思自己的学习经历，进而把握学习的价值、意义和方法，达到树立终身学习理念的目的。

本单元共四课，由六篇文章组成，第十课选编了荀子的《劝学》和韩愈的《师说》，这两篇文章都是我国古代探讨学习问题的名篇，其思想中蕴含的修身治国的人文精神，对现代教育中的人格和情操培养都具有积极的现实意义；第十一课选编了毛泽东的《反对党八股》，这是毛泽东同志1942年在延安干部会上的讲话，是党的整风运动的重要文献之一;第十二课选编了鲁迅的《拿来主义》,这是一篇探讨如何对待外来文化的杂文;第十三课选编了黑塞的《读书:目的和前提》与王佐良的《上图书馆》,这是两篇有关读书的随笔。这六篇文章有诸子散文、唐代散文、政论文、杂文、随笔,跨越了民族、时代、文体等诸多不同,从不同角度阐释了"学习之道"。

这六篇文章力图使学生对"思辨性阅读与表达"有一个初步的了解认识,能够把握文章的基本观点,理解论述类文本的现实针对性。其中《劝学》《师说》两篇文言文意在展示中国文化中"学习之道"思想的源远流长,重在引导学生把握作者的观点,领会学习的重要性;《反对党八股》重在引导学生结合个人和社会实际思考本文观点的现实意义,形成良好的思维品质;《拿来主义》重在对学生思维过程和思维方法的引导,提高思维的深刻性;《读书:目的和前提》与《上图书馆》意在激发学生阅读的兴趣,培养良好的思维品质。前四篇以议论为主,从古至今,针对现实问题有感而发,思辨性更强。后两篇议论兼记叙,作者以亲身经验现身说法,引发同学们思考。

二、单元总体教学目标

1.学习本单元,通过对"学习之道"的梳理、探究,把握学习的价值、意义、原则和方法,形成正确的学习观,改进学习方法,提高学习能力。

2.阅读课文,把握论述类文本中作者的观点和态度,了解作者思考问题的角度,学习有针对性地表达观点的方法。

3.研读课文,把握说理的逻辑思路,感受思辨中蕴含的逻辑思维,感受思辨的力量,提高理性思维水平。

4.在深入阅读文本、学习文本论述方法的基础上,学会选择合适的角度、以恰当的方式有针对性地阐述自己的观点。

三、学情分析

高一的学生已经有了初中学习的基础，掌握了一定数量的文言实词、虚词等文言基本词汇。阅读能力有了一定的提升，但深层次的词汇文法以及阅读能力还都有待提高，同时《劝学》和《师说》两篇文章中的论证方法以及结构方法对于学生来说都有一定的难度。特别是立足“单元”教学理念，以单元人文主题为宗旨，整合“一课多篇”的教学对于学生来说还是具有一定难度的。

四、整体设计思路

在中国古代散文中涉及“学习”内容的，不管是思想内容还是语言表达、艺术手法，当属荀子的《劝学》成就最高了。孟子认为人性本善，但荀子却认为人性本恶，但他同时更强调后天学习的重要性。到唐代随着古文运动的兴起，“学习之道”思想得到进一步张扬。韩愈看到当时社会耻学于师的不良风气愤而写作了《师说》。他不仅鼓励李蟠，更是劝勉天下学子要从师学习。

本单元将《劝学》和《师说》编排在一起，从古代散文的角度阐释“学习之道”的人文主题，旨在让学生把握学习的意义、价值和方法，从中华优秀传统文化中汲取营养，从而树立正确的学习观和终身学习的理念。同时作为“思辨性阅读与表达交流”任务的经典例文，通过让学生学写议论文，有助于促进学生思维的提升与发展。

两篇文章既是中华优秀传承文化的经典之作，又是落实任务群学习的有力支撑，同时还是学习议论文写作的范例。本课教学设计力图从人文主题和任务群的双线角度，培养学生正确的学习观，并学习运用一定的论证方法有针对性地表达自己的观点。基于此，以设计写作一个“劝学文””的学习任务为统领，计划安排三课时。第 1 课时，了解作家背景，熟读课文，结合课下注释，借助工具书，在掌握各种文言现象的基础上疏通文意;第 2 课时,理解作者观点,学习论证方法,课下写作“劝学文”;第 3 课时,交流点评“劝学文”,本课时为第 2 课时。

五、学习目标

1.把握作者的观点和态度,理解两篇文章的思想。

2.学习比喻及对比等论证方法的使用及效果。

3.学习以恰当的方式有针对性地表达自己的观点。

课时设计:一课时

六、教学设计

(一)导入

中国社会从古至今,一直都认同学习对一个人的发展有着至关重要的的作用,甚至是决定性的条件。本课两篇文章都是传统的经典“学习”类论文,在今日仍然具有强烈的现实意义。

上节课,我们初步了解了荀子和韩愈两位先哲的生平、思想主张,以及《劝学》和《师说》的创作背景、主要内容,今天,我们就来一起完成一项任务。

(二)情景式任务

展示活动任务:你初中就读的母校毕业班的班主任邀请你为初三的学弟学妹写一篇文章,鼓励他们为冲刺理想的高中而努力学习,请你借鉴我们即将学习的《劝学》与《师说》两文的思想和说理方法,写一篇“劝学文”,不少于 800 字。

设计目的:落实统编教材“大单元”“大情境”“大任务”理念,创设与学生的学习和生活密切相关的真实的语言运用情境,以情景式写作形成任务驱动,使学生带着任务去主动探究文本。

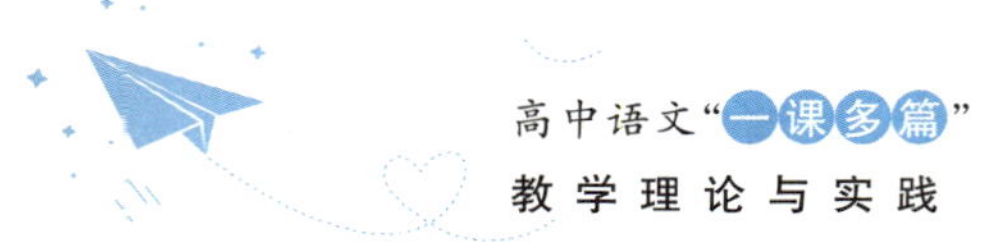

《普通高中语文课程标准》指出:创设综合性学习情境,根据学生的发展需求,围绕学习任务群创设能够引导学生广泛、深度参与的学习情境。[1]

(三)任务导引

任务活动一:尊师重学,修身治国——探究文本的思想内容

学习任务:

(1)《劝学》的中心论点是什么?作者是从哪几个不同角度进行论证的?请你设计一个思维导图,用清晰的构图展现文章的思路。

点拨:《劝学》是《荀子》一书的第一篇文章,是历代所熟知的经典的“劝学”篇目。荀子认为人性本质上是邪恶的,人如果顺其自然发展,社会将会大乱,所以必须要接受教化,必须通过外界的改造才能变得“知明而行无过矣”。

《荀子·性恶》中说,“今人之性恶,必将待师法然后正,得礼义然后治”“今人之性,固无礼义,故强学而求有之也”“性也者,吾所不能为也,然而可化也”。[3]

荀子所处的时代是战国后期,是中国历史大变革时期,荀子高瞻远瞩地看到天下统一是大势所趋,于是他胸怀抱负,提出要建立一个“礼法兼尊”的社会。那么要实现这样的理想,就要通过教育,来完善人们的道德、品行、智慧。

落实:学生展示自己设计的思维导图,并通过讲解进一步梳理文章的思路。

设计目的:以思维导图做任务驱动,充分给学生学习的主动权,让他们自主去探究文本,用自己的方式建立完整的知识架构,同时让学生上台展示交流,尊重了学生课堂的主体地位,极大地调动了学生学习探究交流的积极性。

小结:文章在中心论点“学不可以已”的统领下,分别从学习的意义、作用、方法态度几个维度充分加以论证,思路清晰,说理明白。(板书中心论点和三个角度)

(2)你赞同《师说》中的哪些教育思想呢?谈谈自己的想法。

点拨:魏晋以来,豪门士族垄断社会政治、经济、文化等各反面,他们的子女凭借父祖的荫庇与生俱来地享有着与庶族不同的特殊地位,所以他们不思进取,贪图安逸,不需要学习,当然也看不起老师。而这种“耻学于师”的社会风气一直蔓延到韩愈所在的中唐时期,甚至是愈演愈烈。

《师说》:“士大夫之族,曰师曰弟子云者,则群聚而笑之,问之,则曰:‘彼与彼年相若也,道相似也,位卑则足羞,官盛则近谀’。”[2]

韩愈当时任国子监博士，在国子监中做教学工作。当时，做别人的老师是一件让人羞耻的事情，而韩愈却大胆地打破了这种看法，开始提倡学习，鼓励学生们努力学习，而且自己还招收弟子，广泛地教学，努力打破这种不敢求学、不敢为师的不良社会风气。他的这种推广学习的作为，对当时扭转教育现状起到了很大的帮助。而《师说》一文就集中体现了他对当时社会上士大夫阶层“耻学于师”陋习的批判，在当时社会这可以说是一篇富有进步意义和解放精神的文章。

落实：学生自主思考后谈自己的理解，教师做引导。

示例1：韩愈说“古之学者必有师”，他肯定了老师在历史进程中的重要作用。

示例2：韩愈说“弟子不必不如师，师不必贤于弟子”，提出了师生是平等的关系。

示例3：韩愈认为“事故无贵无贱，无长无少，道之所存，师之所存也”，他主张不管地位如何，不管年龄大小，道理在的地方，就是老师在的地方。

………

小结：《师说》提出了一系列崭新的师道思想，对于扭转当时社会不尊师重道的不良风气起到了积极的作用，也为我们今天正确从师学习提供了重要的借鉴。比如：“师者，所以传道授业解惑也”（韩愈《师说》），对老师的职能进行了界定，教师不仅要传授学生知识，解答疑问，还有传授道理，既不但要教书，还要育人。“人非生而知之者，孰能无惑？惑而不从师，其为惑也，终不解矣。”（韩愈《师说》）立场鲜明地否定了“生而知之”，科学性地指出人生而平等，都要向老师学习才能成为有道德修养的人，强调了从师学习对一个终身发展的重要作用，痛斥了豪门大族所谓的血统论。

任务活动二：循循善诱，立论严密——学习文章的论证方法

学习任务：

《劝学》和《师说》两篇文章，都以说理为主，为了阐明自己的主张，作者都运用了多种论证方法加以支撑，学习了两篇文章，你从中学到了哪种论证方式呢？请结合文本谈谈该种论证方式的作用效果。

落实：学生思考后，谈自己的认识，教师予以点拨，归纳并板书。

示例1：《劝学》中运用了大量的比喻论证方法，比如第二段用了五个比喻句，青和冰经过变化，都超越了本来的性状，比喻人经过学习也会超越原来的自我。"鞣"木为轮，那么学习也能够使恶人变为有道德的人。木材经过墨线比量，金属的刀斧到磨刀石上磨会更锋利，人经过学习也会"知明而行无过"。

示例2:《劝学》第三段也用了五个比喻句，登高能看得远，而且登高招，顺风呼，借助车马、舟楫都能通过借助外物而获得帮助，那么人借助学习也能弥补自身不足，获得成功。

示例3:《劝学》第四段用了十个比喻句，得出学习要不断积累，坚持不懈，还要专一。

小结:《劝学》是一篇议论性的散文，说理性很强，但又形象生动，有趣味，不枯燥，其中一个重要的原因就在于它用生活中大家常见的易于理解的形象的比喻来说明关于学习的道理，这样就避免了枯燥的说教，那么这一点也正是我们在写作时要借鉴的。用生动形象的事物作比喻，来证明抽象的道理，使本来难于理解的道理变得浅显易懂，易于被理解，这就是比喻论证方式的效果。

示例4:《劝学》中还运用了正反对比的论证方法，比如第四段，"积"与"不积"对比，说明学习要注重积累；用骏马与劣马对比，用"不舍"与"舍"对比，强调学习要重在坚持；蚓和蟹对比，强调学习要专一。

示例5:《师说》中第二段用了三组对比：古时的圣人尚且从师学习，但今天的普通人却以向老师学习为耻；选择老师教孩子，但自己却"耻学于师"；百工"不耻相师"，但士大夫却笑话从师之人。三组对比指出了当时社会现状，也说明了"师道不复"的原因。

示例6:《师说》中还运用了例证法，比如第三段用孔子从师的例子，有力证明了从师学习的必要性。

小结：我们在分析《劝学》中比喻论证方式的时候，发现其实它的比喻论证是和对比论证方法综合在一起运用的，比如第四段，在强调学习要积累的时候，是先从正面设喻要"积"，接着又从反面设喻"不积"就没有成效，那么这样就使它的论证严密，说理生动。两篇文章中多种论证方式的运用使文章观点鲜明，逻辑严密，思路清晰，说理透彻，形象生动，都是值得我们学习借鉴的经典之作。

七、布置作业

任务导引：

这节课，我们深入研究了《劝学》和《师说》两篇经典论说文，了解了学习的意义、态度和方法等，认识到学习对一个人成长的重要作用，那么，你能用今天学到的思想和说理方法来表达自己的观点吗？现在让我们一起回看我们上课之初布置的任务活动。

再次展示学习任务：

你初中就读的母校毕业班班主任邀请你为初三的学弟学妹写一篇文章，鼓励他们为冲刺理想的高中而努力学习，请你借鉴我们这节课学习的《劝学》与《师说》两文的思想和说理方法，写一篇“劝学文”，不少于 800 字。

我们下一节课进行交流展示，大家选出优秀的文章送给学弟学妹们，为他们的中考加油助力。

八、板书设计

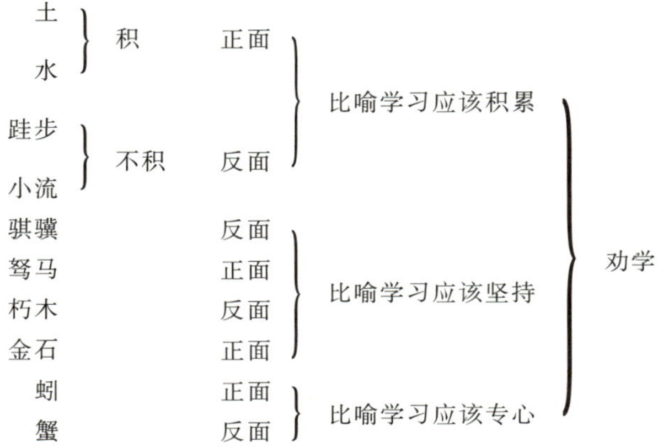

参考文献

[1]中华人民共和国教育部.普通高中语文课程标准[S].北京:人民教育出版社,2017年版2020年修订:42.

[2]古诗文网.性恶原文[DB/OL].https://so.gushiwen.cn/guwen/bookv_3484.aspx,2021-08-09.

[3]教育部.普通高中教科书.语文:必修.上册《师说》[M].北京:人民教育出版社.2019:85.

必修上册第七单元第十五课

《我与地坛》教学设计

天津市河西区教师发展中心　付雨霓

一、单元任务解读

统编版高中语文必修上册第七单元从属于七个学习任务群之一的“文学阅读与写作”任务群，承载的课程内容是“现当代写景抒情散文阅读”，所选散文篇目均与“自然情怀”相关。无论是现当代散文还是古代散文，都运用多种修辞和写作方法描绘出优美的自然景观，散文内容上以写景抒情为主，兼及叙事和议论。第七单元主要通过散文阅读帮助学生从感受作家笔下的“景物之美”入手，进而感受生活中无处不在的美景，在感受形象、品味语言、体验情感、领悟哲理的过程中丰富审美体验，提升审美鉴赏能力。

第七单元共三课。第十四课选编了两篇现代散文：郁达夫的《故都的秋》和朱自清的《荷塘月色》。对这两篇文章的学习以了解比喻、通感、对比等景物描写方法入手，在欣赏自然美景的过程中，学习把握作者笔下某种景物具有的独特的美。第

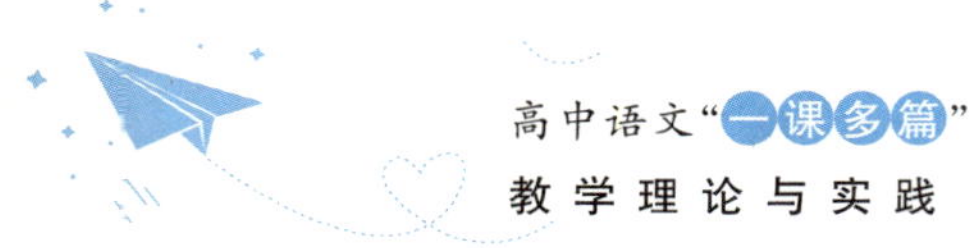

十五课选编了史铁生的《我与地坛》。这是一篇节选型课文,教材收录了原文七个章节中的前两个章节,要求教师在教学中首先关注节选部分与全文主旨之间的紧密联系,在了解文章全貌的基础上开展教学活动,抓住景物描写中富有哲理意味的语句,深入挖掘作者对生命的意义的思考,进而实现对文章"景—情—理"三个层面的解读。第十六课选编了苏轼的《赤壁赋》和姚鼐的《登泰山记》两篇文言散文,要求学生在疏通文义的基础上,感受山川壮美之景,并且感受作者在写景状物的过程中体现出的审美倾向和人生思考,进而领悟民族审美传统。

第七单元的三课承载的课程内容具有结构化的特点。第十四课侧重感受景物特征,并掌握景物描写的技巧;第十五课注重对作者寄寓在景物中的人生哲理的分析;第十六课首先要对文言文词语、句式等基本知识进行学习,在此基础上感受文言语言之美和作者情感的丰富性。三课书由浅入深地开展写景状物散文的阅读和写作教学,力求引导学生从读写活动中掌握写景散文的目的不在于描写外在景物的情状,而在于抒发作者寄寓在特定景物中的独特的情感体验和人生感悟,能够从更高层次的"文化审美"层面了解中华文化的审美心理,落实"文化传承与理解"核心素养的培养目标。

单元总体学习任务:

(1)感受写景抒情散文的语言之美、形象之美、情感之美,能够准确提炼不同作家笔下景物的典型特征,并用简洁准确的语言加以概括。

(2)学习运用多种修辞方法和写作技巧生动形象地描写景物,在景物描写中寄寓独特的情感,学习"情景交融"的创作方法。

(3)学习挖掘作家借助写景状物阐释的人生哲理,领悟"景—情—理"之间的关系。

(4)引导学生在单元任务群内部多篇文本之间、一课多篇之间开展比较阅读,通过群文阅读提升演绎、归纳、辩证思维能力,提高学生语文学科核心素养。

二、学情分析

初中阶段学习情况:

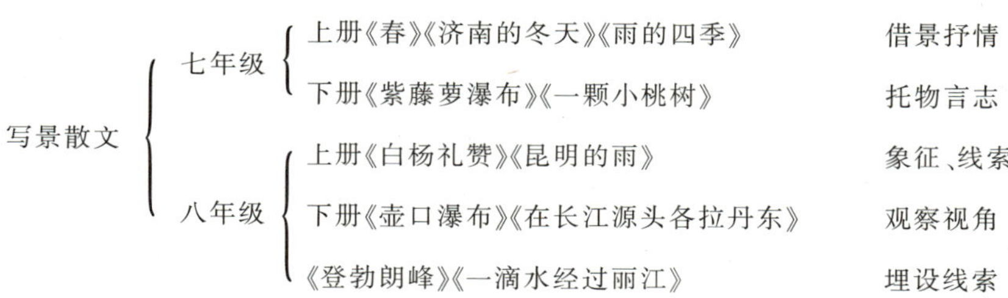

学生处于高一上半学期，在初中阶段对写景散文已经有了比较广泛的接触，在七年级、八年级的教材中均设有写景散文篇目，学生在修辞辨别、线索、观察视角等方面具有初步的阅读、分析文本的能力。但初中阶段的学习以整体感知为出发点，学生在写作技巧方面的认识也是浅尝辄止，深入探究、细读文本的经验不足，自主运用阅读技巧开展学习活动的经验非常欠缺。高中阶段的写景散文教学需要帮助学生化被动学习为主动学习，培养学生自主探究、应用阅读技巧的能力。

本单元包含的两课写景散文分为“借景抒情”和“情理交融”两个层面。学生在学习《故都的秋》《荷塘月色》时对修辞方法的辨别、作者情感的领悟易于接受，但是对《我与地坛》这种哲理散文很难从宏观上建构起“景—情—理”三者之间的关系框架，容易浅尝辄止，阅读思维能力亟待提高。

基于部编教材“单元主题”与“任务群学习”双线教学的编写思路，教师在教学过程中应当帮助学生打破仅学习单篇课文的局限性，拓展教学视野，引导学生建立起本单元内几篇课文之间、作者多部作品之间的关联，从而建构起写景散文阅读的整体思维框架。

三、任务学习总体思路

高中语文课程标准指出：“语文实践活动情境包括个人体验情境、社会生活情境、和学科认知情境。”本课教学设计的整体思路也是依据“情境创设”展开的，分为单文本整体阅读、多文本比较阅读、读写结合融合教学三个环节。

首先，在设定学习任务的前提下，培养学生搜集、整理信息的能力，自主阅读

《我与地坛》全文。在感知文本全貌的基础上帮助学生建立与作者史铁生的情感沟通,在分析文本之前做好情感铺垫。其次,在解读文章过程中按照鉴赏景中之情、学习寓情技巧、挖掘景中哲理三个环节开展阅读教学。最后,在教学拓展环节采用读写结合的方式,要求学生开展自主创作,内化学习成果。三个教学环节依据学生认知规律,按照由感性到理性,由鉴赏到创作的顺序,逐步提高教学要求,培养学生语文综合素养的发展。

课时设计:两课时

四、学习任务与目标

(1)拓展"单文本"阅读范围,做好阅读情境的铺垫,帮助学生整体感知文本全貌。《我与地坛》是节选型篇目,全文七个章节,课本仅收录前两个章节,教师提前布置阅读全文预习作业,保证教学内容的完整性。

(2)拓展"多文本"阅读范围,厘清《我与地坛》文章内部各章节之间,以及史铁生创作的不同文章之间的联系,初步建构"一课多篇"阅读思维框架,

(3)引入史铁生创作背景,在激发共情的基础上解析"景—情—理"之间的关联,深入解析写景抒情散文的鉴赏方法。教师需要从作者经历、创作主题等方面做好教学铺垫,在激发起学生与作者史铁生之间的共情的基础上,自然而然地推进对文章人生哲理的分析。

(4)立足单元教学,开展群文阅读,拓展"一课多篇"教学视野。通过在《故都的秋》《荷塘月色》与《我与地坛》三篇写景抒情散文之间进行比较阅读,寻找写景抒情散文的阅读规律,对学生演绎、归纳等语文思维能力进行培养。

五、整体教学设计

整体意图:帮助学生建立文本整体阅读思维,在了解文章全貌和作者独特经

历的基础上与文本和作者达成共情，进而依据“感知景物—感知情感—挖掘人生哲理”的顺序，逐步深入地学习写景散文“景—情—理”三者之间的关联。并借助群文阅读培养学生演绎、归纳、辩证的思维能力。

（一）第一课时

导入：布置课前预习任务。任务1：请从作者经历、主要作品、社会影响力三个方面整理作者简历。任务2：阅读全文七个章节，撰写一篇300字左右的读后感。

设置目的：建立《我与地坛》全文七章节之间的联系，让学生整体感知文本，避免阅读活动的片面性。

1.环节一：自主交流，建立共情

在当代文坛，史铁生是一个生命的奇迹，在漫长的轮椅生涯里坚持写作，登上文学的高峰。我们就来一起深入地走进他的散文代表作《我与地坛》，透过文字来窥看他的心魂，看他是怎样面对着残垣断壁的地坛，探求、叩问，一次次向灵魂深处进发的。

（1）学习交流：每组选派一名学生依据“资料卡片”介绍史铁生的简历。

教师归纳重点：史铁生1951年出生于北京，1967年毕业于清华大学附属中学，1969年去延安一带插队。20岁那年因病双腿瘫痪回到北京，后来又患肾病需要靠透析维持生命。他一生笔耕不辍，发表了大量有深刻哲理的散文和小说。曾任中国作家协会委员，北京作家协会副主席，获得华语文学传媒大奖年度杰出成就奖，在2010年逝世。

可以说史铁生的轮椅生涯使得他比普通的健全人面对生活苦难时的抉择、挣扎更加纠葛，对生命苦难的品尝和理解更加深刻。所以，作者用15年的时间看懂园子，看懂人生，这需要时间的磨砺，在岁月中观察感受生命的形态，在景物描写中呈现时空的描写，这就使文章的生命认识理解坦诚厚重，哲理思考冷静而深刻。

（2）梳理《我与地坛》全文内容：

1）史铁生十五年来在地坛都看到了什么？地坛里的人们有何共性？

明确：地坛公园中的景物、母亲、其他人。共性：生活中都遭遇一些挫折，不得志，曾经幸福过，辉煌过，走向衰败。

2）史铁生看到这些景和人后，产生了怎样的生死认识？

明确：关于“死的事”。这样想了好几年，最后事情终于弄明白了：一个人，出生了，这就不再是一个可以辩论的问题，而只是上帝交给他的一个事实；上帝在交给我们这件事实的时候，已经顺便保证了它的结果，所以死是一件不必急于求成的事，死是一个必然会降临的节日。

设置目的：在课前预习环节进行信息搜集、整理训练的基础上，开展语言表达能力训练，提高学生口语和书面语两方面的表达能力。

2.环节二：鉴赏景物描写，掌握描写技巧

(1)提炼概括信息，感知景物整体特征。

1)题目“我与地坛”传达出怎样的情感？用文中一句话概括地坛景物的特点。

明确：“与”字表明作者与地坛是平等的关系，同病相怜的情感。地坛景物特点：荒芜但不衰败。

2)请同学们朗读第3、5自然段，赏析这两段中展现景物“荒芜不衰败”的景象语句，品析其所蕴含的深意和情感。

明确：(第3段自主赏析重点)抓住“剥蚀”“淡褪”“坍圮”“散落”“浮夸”“炫耀”“朱红”“琉璃”“一段段高墙”“玉砌雕栏”“愈见苍幽”“野草荒藤”“茂盛得自在坦荡”等词语分析“荒芜不衰败”的景象中蕴含与作者人生经历和生命特质的契合，跟作者情感的契合。曾经华美的宫殿就像自己曾经的青春的生命一样绚烂，但曾经的华丽已经衰颓破败，只留曾经的残破的美丽痕迹。可是，大自然的老树、野草却又充满无穷的生命活力。作者将自己的生命情感投射在地坛的景物之中，表达自己独特的生命感受。

(第5段自主赏析重点)在“蜂儿如一朵小雾稳稳地停在半空；蚂蚁摇头晃脑捋着触须，猛然间想透了什么，转身疾行而去；瓢虫爬得不耐烦了，累了祈祷一回便支开翅膀，忽悠一下升空了；树干上留着一只蝉蜕，寂寞如一间空屋；露水在草叶上滚动、聚集，压弯了草叶轰然坠地摔开万道金光”“满园子都是草木竞相生长弄出的响动，窸窸窣窣窸窸窣窣片刻不息”中看到渺小卑微的短暂的昆虫的生命、草木的生命中蕴含强大的生命活力、生生不息的力量。

设置目的：要求学生依据问题有针对性地细读文本，咀嚼品味一词一字中蕴含的作者的情感态度，初步感受“情景交融”的散文创作特点。

3)品读文章的第7自然段，思考这一段中，作者对景物的选取和描写有何特点？比较本段与第3、5两段的景物描写有何区别？

明确：(第7段自主赏析重点)在这段文字中，有早晚晨昏、有四季、有天、有地、有人、有万物生命的坚韧、安宁、冷静、亘古永恒。它们在时间层面上共同展现了生命的厚度，生命的意义，生命是一个过程，对生命的体悟也是一个过程。这段文字中抓住6个“譬如”的排比句，这些景物描写都展现出生命的不完美，寂寥之境中闪现着生命的微光，生命的希望，生命的呐喊，生命的印记。生命是来过、走过、走下去的，生命是有韧性的、安宁的、平静的。

设置目的：将第3、5段与第7段之间进行比较阅读，通过景物状态的宏观与微观的差异辨析，与两部分透过不同景物所揭示的具有共同坚毅顽强生存欲望的生命本质的分析，引导学生在比较阅读过程中感受作者涵盖天地万物的观景视角，为进一步揭示人生哲理做议论铺垫。同时训练学生辨析、归纳等思维能力。

(2)辨析描写方法，提升写作技巧。

1)作者写景时运用了多种艺术手法，挑选一处你最欣赏的描写语段，辨别其中运用的艺术手法。

2)与同小组的同学交流学习成果。(小组合作教学)

明确：学生可以从修辞、写法两个角度自由鉴赏，如从比喻、拟人、排比、对比衬托等写作方法开展鉴赏活动。

设置目的：学生在初中阶段对写景散文的学习主要围绕修辞和写法展开，具有比较扎实的知识积淀，教学中可以为学生提供自主研读的空间，并通过发言、小组交流等形式为学生提供互相学习、展示个人能力的机会，提高阅读活动的自主意识。

3.环节三：深入挖掘文章主题

(1)建构“单文本”整体阅读，明确“景—情—理”之间的联系。

1)你觉得史铁生在地坛中关注的景物具有哪些共性？为什么挑选这样的景物来写？

明确：

共性：渺小、短暂但是生生不息。

挑选原因：影射自身命运，传达对命运的不公进行抗争，坦然面对的情感。

2)结合课前对全文的阅读，说说十五年来作者在地坛还看到了哪些给他印象

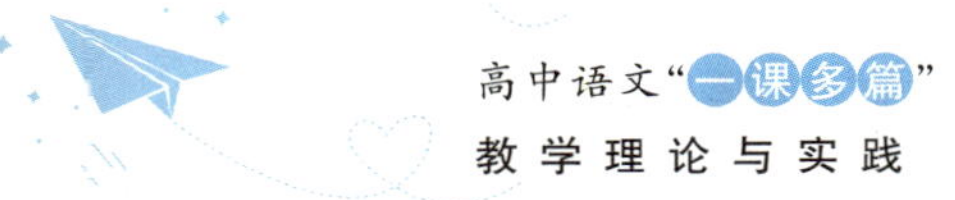

深刻的人物？促使他产生了怎样的生死认识？

明确：

①在地坛中看到：一对老夫妇、爱唱歌的小伙子、饮酒的老头、捕鸟的汉子、中年女工程师、苦练长跑的男子、漂亮但弱智的女孩。②地坛中形形色色的人物，各不相同的命运，引发作者对生命的渺小、宿命的奇妙、人们对荣誉的执着、抗击悲惨命运时的顽强等关于生命的思考。

设置目的：在初步感知“景物”的基础上，引导学生把握作者寄寓在地坛景物上的对人生的情感态度。本环节将《我与地坛》七个章节进行整合，引导学生将史铁生相关作品进行整合，从宏观层面感知作者一贯的思维方式和情感价值观。体现出“一课多篇”在篇章内部的关联性解读。

(2)建构“多文本”整体阅读，强化对作家创作个性的挖掘。

作业：在我们初中阶段学过的课文中或者你课外搜集到的作品中，史铁生阐释过与《我与地坛》这篇文章类似的情感和认识吗？写一段400字左右的比较阅读分析文章。

明确：学生结合《合欢树》《秋天的怀念》等文章，课下自由阅读，完成写作任务。

设置目的：拓展阅读视野，将史铁生多篇文本关联阅读，深入领悟作家独特的创作视角和主题，强化对《我与地坛》主旨的理解的同时，凸显对作家典型创作风格的感知。

(二)第二课时

导入：海德格尔说：“人在现实中总是痛苦的，他必须寻找自己的家园，当人们通过对时间、历史、自然和生命的思索明白了家之所在时，他便获得了自由，变成‘诗性的存在’。”上节课我们阅读了史铁生的散文《我与地坛》，我们还学习了本单元其他几篇著名作家的散文作品。这些写景散文具有一个相同点，那就是都能够生动形象地描绘景物优美的形态，同时在不同景物的描写中有意识地渗透作者的情感，而这些情感又具有鲜明的独特性。可以说每位作家都用散文为自己营造一个排解内心忧闷的“精神家园”，因为“借景抒情”正是散文这种文学体裁所具有的突出的创作方法。这节课我们将本单元学习过的三篇散文进行比较阅读，看一看每位作家是如何实现借景抒情这一创作目标的。

1.环节一:群文阅读,建构思维模式

(1)在本单元内《故都的秋》《荷塘月色》《我与地坛》三篇文章之间开展比较阅读,寻找写景抒情散文的阅读规律。

1)请大家自主填写比较阅读表格,从意象选择、意境创设、创作背景、情感体验、哲理升华几个角度对三篇文章进行比较。

	意象选择	意境创设	创作背景	情感体验	哲理升华
《故都的秋》					
《荷塘月色》					
《我与地坛》					

2)分组研讨:三篇散文在景物描写上都使用了哪些相同的手法?描写视角有什么区别?

明确:

共同手法:比喻、拟人、排比等修辞,对比、衬托等写作方法。

区别:《荷塘月色》采用个人视角,《故都的秋》采用家国视角,《我与地坛》采用宇宙视角。由于选文作者身处的社会环境不同,个人遭际不同,因此选择的立意视角也不同。

(2)深入分析三篇文章"借景抒情"方法在应用方面的特点。

1)你觉得这三篇文章在写景、抒情、阐释哲理三个层面上有怎样的异同?摘录典型语段。

2)将自己的理解与同小组同学进行交流。(小组合作学习)

明确:《故都的秋》注重作者情感在自然景物中的投射作用,只挑选符合作者"清、静、悲凉"心境的景物进行描写,体现出一切景语皆情语;《荷叶塘月色》在借景抒情的过程中,强调景物变化对作者情绪的干扰作用,体现出情感与景物之间的互动效果,可谓情随景移;《我与地坛》重点不是客观描写地坛找中的景物,对景物的描写带有象征意味，投射出作者自己面对社会人生的生存态度，最终揭示出勇敢面对困境、坦然接受命运安排、不懈追求个人价值的哲理思考。

设置目的：本环节体现"一课多篇"在整个单元范围内，多篇文本之间的阅读教学思路。帮助学生从单元人文主题层面开展学习活动。通过比较阅读拓展思维角度，建构写景散文的整体阅读思维。

2.环节二：读写结合，自主阐释"景—情—理"之间的关联

布置作业：将《赤壁赋》与《我与地坛》进行比较阅读，沿着写景散文中的"景—情—理"之间的关系这一思路，撰写一篇500字左右的分析评论文章。

设置目的：散文单元的几篇选文均采用多种修辞和写法写景状物，非常适合学生开展写作训练，但是本节课的设计更偏重于对"逻辑思维能力"的培养，不是以景物描写为教学重点，而是以"景—情—理"之间的逻辑关系的辨析为教学重点。因此在读写结合这一环节上，设置为"文学评论"训练，引导学生将第十四课与第十五课比较学习的成果迁移应用到第十五课与第十六课的比较阅读之中，这样既可以从学生原有知识基础出发开展教学活动，又能够引导学生举一反三地应用原有知识解答新问题。同时，采用"文学评论"的写作教学方式，可以对学生进行书面语言表达能力的规范化训练，将语文阅读教学与学生自主思考、自主写作相结合，提高教学实效性。

六、板书提纲

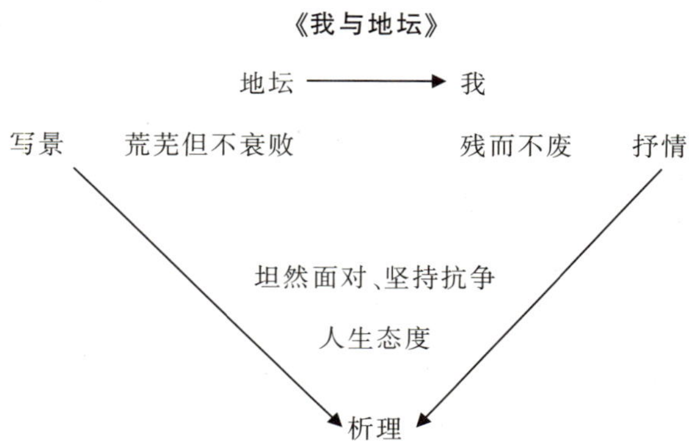

必修上册第七单元第十六课（设计一）

《赤壁赋》《登泰山记》教学设计

天津市西青区杨柳青第一中学　陈国良

一、单元任务解读

高中统编教材必修上册第七单元是必修教材中唯一一个专门的散文单元，属于“文学阅读与写作”任务群。这一任务群的主要学习目标与内容是：精读古今中外优秀的文学作品，感受作品中的艺术形象，理解欣赏作品的语言表达，把握作品的内涵，理解作者的创作意图；结合自己的生活经验和阅读写作经历，发挥想象，加深对作品的理解，力求有自己的发现；根据诗歌、散文、小说、剧本不同的艺术表现方式，从语言、构思、形象、意蕴、情感等多个角度欣赏作品，获得审美体验，认识作品的美学价值，发现作者独特的艺术创造。[1]

本单元围绕着“自然情怀”这一核心，选取了三组不同历史时期、不同风格的散文作品。第一组是现代散文，由郁达夫的《故都的秋》、朱自清的《荷塘月色》两篇组成；第二组是当代散文，选取了当代作家史铁生散文代表作《我与地坛》中的前

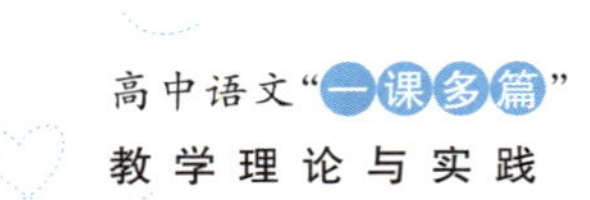

两部分;第三组是古代散文,包括苏轼的《赤壁赋》和姚鼐的《登泰山记》两篇文章。教学这些文章,意在引导学生感受文人笔下的自然美景,关注作品中的自然景物描写和人生思考,激发对自然的珍爱之心和对生活的热爱之情;通过具体作品的研读,进一步体会民族审美心理,增强对民族文化的认识和了解。

单元总体学习任务:

(1)学习不同时期、不同风格的写景抒情散文,感受文人笔下的美景,关注作品中的景物描写和人生思考,激发对自然的珍爱之心和对生活的热爱之情。还要进一步体会民族审美心理,增强对民族文化的认识和了解。

(2)分析和把握文章观察景物的角度和表现景物的艺术手法。学习散文作品,要重点关注作者是如何抓住景物的突出特点,表现景物的独特之美的。好的写景散文往往都融入了作者的思想感情,要注意引导学生体会文章情景交融、情理结合的特点。

(3)反复诵读,感受作品的语言之美。本单元文章文辞优美,表现了作者高超的语言艺术。要引导学生多加诵读,品味散文独特的语言美。可以从用词、句式等方面人手,对一些精彩语段加以分析、品味。

(4)在了解写景抒情散文的特点,把握写景抒情散文的写法基础上,引导学生选取自己最喜欢的景物,借鉴本单元文章的写法,写一篇散文,力争做到情景交融。

二、学情分析

高一的学生对写景抒情类散文并不陌生,甚至可以说这是高一学生最熟悉的一类散文。他们在初中阶段已学过写景抒情类文言文有《三峡》《记承天寺夜游》《与朱元思书》《桃花源记》《小石潭记》《岳阳楼记》《醉翁亭记》《湖心亭看雪》(按教科书顺序)等篇目,所学的写景抒情类现当代散文有《春》《济南的冬天》《雨的四季》《秋天的怀念》《紫藤萝瀑布》《白杨礼赞》《昆明的雨》《壶口瀑布》《在长江源头各拉丹东》《登勃朗峰》《一滴水经过丽江》(按教科书顺序)等篇目。高中生对于文言虚词、实词,以及句式有了一定的了解与积累。这些学情有利学生对本单元《赤壁赋》《登泰山记》的学习。教师可以指导学生学习《赤壁赋》,之后引导学生尝试独立阅读《登泰山记》,一是巩固所学知识,二是加深阅读体验。

领悟《赤壁赋》《登泰山记》中蕴含的情感,对少不更事的高一学生来说有难度,要通过披文入情来突破。

三、学习任务与目标

1.积累重要实词、虚词、特殊句式等文言基础知识。

2.反复诵读,感受作品的语言之美;背诵《赤壁赋》。

3.关注作品中的自然景物描写和人生思考以及情景交融、情理结合的手法。

4.体会民族审美心理,提升文学欣赏品位,培养对自然的热爱之情。

课时安排:4 课时

本教学设计用前 3 课时,围绕"诵读梳理——夯实文言基础"解决"言";用第 4 课时,围绕"披文入情——探寻山水情意"解决"文"。下面就"披文入情——探寻山水情意"进行具体展开。

四、教学过程

第 4 课时 披文入情——探寻山水情意

1.导入——触发生活体验

同学们,《赤壁赋》《登泰山记》这两篇古代散文都和旅游有关。请各位根据自己的旅游经历,谈谈自己对最难忘的一次旅游的感受。

(学生谈感受体验)

根据同学们多彩的旅游经历和独特的体验,我们可以看出美景能涤荡、充实、寄寓咱们的情感系。正如刘勰《文心雕龙》中所言:"登山则情满于山,观海则意溢于海。”接下来，咱们一起进一步学习《赤壁赋》和《登泰山记》，通过披文入情，来探寻作者渗透在自然山水中的深深情意。

2.赏景——欣赏山水美景

学习活动一：

请根据文本中对“赤壁水月图”“泰山日出图”的描绘，完成下表。

比较项目	赤壁水月图	泰山日出图
描写的景物		
景物特点		
你的感受		

答案示例：

比较项目	赤壁水月图	泰山日出图
描写的景物	清风徐来，水波不兴。举酒属客，诵明月之诗，歌窈窕之章。少焉，月出于东山之上，徘徊于斗牛之间。白露横江，水光接天。纵一苇之所如，凌万顷之茫然。浩浩乎如冯虚御风，而不知其所止；飘飘乎如遗世独立，羽化而登仙。	戊申晦，五鼓，与子颍坐日观亭，待日出。大风扬积雪击面。亭东自足下皆云漫。稍见云中白若樗蒱数十立者，山也。极天云一线异色，须臾成五采。日上，正赤如丹，下有红光，动摇承之。或曰，此东海也。回视日观以西峰，或得日，或否，绛皓驳色，而皆若偻。
景物特点	缥缈、朦胧、空灵、宁静、自由……	缥缈、雄伟、绚丽、磅礴、壮美……
你的感受	秋江月夜之景，宁静、广阔、澄澈，给人超凡脱俗的空灵之感。	冬日泰山日出之景，雄伟、壮丽，给人震撼鼓舞之感。

学习活动二：

人不在美景中就在对美景的想象中。请根据上表内容并结合文本谈谈，你愿意与苏轼泛舟赤壁还是与姚鼐登泰山赏日出？为什么？(先独立思考，后小组分享交流)

答案示例：

①我更愿意与苏轼泛舟赤壁。《赤壁赋》中“赤壁水月图”描绘主客在初秋月夜泛舟赤壁时所见到的景色和游览的情致。作者以生动的笔触勾勒了皎洁月色映照下的赤壁夜景：“清风徐来，水波不兴”，见出秋气之爽；“月出于东山之上，徘徊于斗牛之间”，传达明月深情；“白露横江，水光接天”，写出秋意之浓、秋水之盛。呈现在读者眼前的是一幅优美的山川月夜风景画。

②我更愿意与姚鼐登泰山赏日出。《登泰山记》第三部分描述姚鼐在日观亭观日出的情景。作者用浓墨重彩来描画五帧画面：坐待日出图、云雾弥漫图、云天一线图、壮观日出图、诸峰回视图。他不仅得心应手地正面描写旭日升腾时灿烂的光彩和跳跃的欢态，而且还运用远天、云彩、大海作烘托，把日出的场面描绘得特别壮观，达到了应有的艺术高度。这样，就必然引起读者的深沉思索：汹涌的红色大海，该是一种强大的生命力量；冉冉升起的一轮红日，那就是人类的现实与未来的希望吧！

学习活动三：

请阅读下段关于“批注评点法”的介绍，从《赤壁赋》《登泰山记》中选择生动传神的写景文字加以批注评点，并交流共享。

批注评点法，是阅读文言文的一个重要方法。可以是对重点字句的解释和翻译，对疑难问题的发现和质疑，对有所感的字词句的简评或感悟，对修辞手法、文章结构、选材剪裁等的体会，对有内涵的句子的分析等。

答案示例：

① 月出于东山之上，徘徊于斗牛之间。

评点：“徘徊”两字用得特别传神，那悬于中天的明镜般的月亮不仅使游人陶醉，而且这拟人化的手法更使月亮“活”起来了，好像月亮也流连忘返、陪伴着游人促膝共酌，构思精到巧妙、妙不可言。

②纵一苇之所如，凌万顷之茫然。

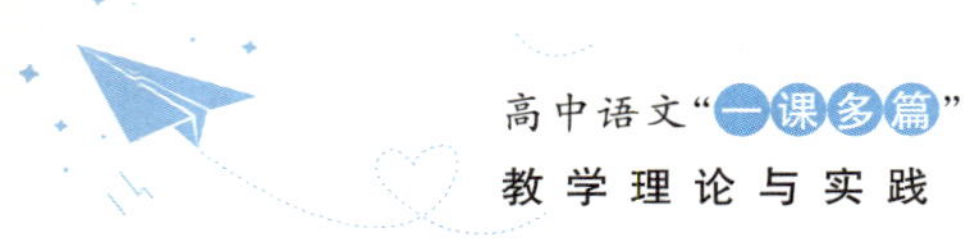

评点:意为任凭小船在水上漂浮,漂荡在宽阔无际的江面。“纵”“凌”两个词用得非常精确,表现主客在江面上畅游时任性放浪的情态,自由自在得没有一点拘束的样子。“一苇”,一片苇叶似的小船,运用比喻、夸张、对比等手法,形象鲜明。

③及既上,苍山负雪,明烛天南。

评点:作者运用拟人化的艺术手法写“苍山负雪”,这一“负”字,选得很好,把山由被动变为主动,赋予它强大的生命力,像巨人一样富有神韵。“明烛天南”,出色地描绘出积雪映照南面天空的夺目光彩。

3.品情——品析作者情怀

文人骚客往往借山水景物来抒情。我看风景,风景就是我。细读文本,就能在这如画的江山中,感受到作者的情怀。

(1)小组探究一:

有人认为:面对“赤壁水月图”,在“客有吹洞箫者,倚歌而和之”之前,作者苏轼的内心是快乐的。也有人认为:那时苏轼的内心是痛苦的。你同意哪种观点?请结合文本和写作背景谈谈你的看法。

1)学生思考,作答。

2)提供背景材料。

①此赋作于北宋神宗元丰五年(1082)作者谪居黄州(今湖北黄冈)时。七月,苏轼到黄州的赤鼻矶游览,写下此赋。由于作者是因文字获罪,被贬谪的沉痛教训,使他对现实的不满和抗衡,不能用直抒胸臆的方式抒发,只能采用微巧曲折的方式表达。他在与友人的信中一再表白申明:

但得罪以来,不复作文字,自持颇严。若复一作,则决坏藩墙,今后仍复衮衮多言矣。[2]

某自窜逐以来,不复作诗与文字。所谕四望起废,固宿志所愿。但多难畏人,遂不敢尔。其中虽无所云,而好事者巧以酝酿,便生出无穷事也。[3]

某自得罪,不复作诗文,公所知也。不惟笔砚荒废,实以多难畏人,虽知无所寄意,然好事者不肯见置,开口得罪,不如且已。[4]

②关于这一次赤壁之游,苏轼在《与范子丰》函中曾有所记述:黄州少西,山麓斗入江中,石室如丹,传云曹公败所——所谓‘赤壁’者;或曰非也。……今日李委秀才来相别,因以小舟载酒饮赤壁下。李善吹笛,酒酣作数弄,风起水涌,大鱼皆

出，山上有栖鹘，亦惊起。坐念孟德、公瑾如昨日耳！"可知此赋确是记游的实录。[5]

3）细读前两段。

①"诵明月之诗，歌窈窕之章"，作者没有明确指出诗题，但一般认为是指《诗·陈风·月出》这首诗。该诗第一章四句是"月出皎兮，佼人僚兮，舒窈纠兮，劳心悄兮！"意思为：月亮升起来了，多么洁白明亮。我想念的人啊，是多么美好。她轻舒缓步的姿态啊，使我忧伤地苦苦思念！这种苦苦的思恋之情暗合芳草美人的文化内涵，似有所指。

②"浩浩乎如冯虚御风，而不知其所止，飘飘乎如遗世独立，羽化而登仙"几句写主客沉湎于迷蒙的环境中，犹如在无边无际的天空里乘风飞行，感到自己离开了人间，超凡脱俗，长上翅膀升入了仙境，逍遥自在，已经处在物我相融，飘然若仙的境遇中。作者向往遗世独立、羽化登仙的思想，流露出对被贬弃的失意之情，隐含着对现实不满的情绪。

③第二部分，主要是抒发悲愁的情怀。作者采用欲抑先扬的笔法，先写主客举杯畅饮、扣舷而歌的热烈场面。歌词的内容是"桂木做成的棹啊，兰木做成的桨。拍击着水中的月亮啊，船在波光中逆流而上。我的思绪啊，已经飞向迢迢的远方。遥望思慕的人啊，在天的那一方。"歌词中的"美人"并非实指容貌美丽的女子，而是用以借指自己怀念的人（或贤能品德高尚的人）。如《诗·邶风·简兮》篇有"云谁之思，西方美人"句，这"西方美人"指的是西周能任用贤才的国君。屈原《楚辞·离骚》有"惟草木之零落兮，恐美人之迟暮"句，"美人"指的是楚王。《九章·思美人》用作篇名的"美人"，也是指楚王，题意是思念君王能反思而图强。后来的文人常仿效这种用法。苏轼在这首歌中流露出不遇时的内心哀愁。

④描写箫声，箫声呜呜，像怨恨，像思慕，像哀泣，象倾诉，感人至深，使潜伏在深山幽谷的蛟龙为之起舞，使小船上孤苦伶仃的寡妇为之哭泣。作者用这些形象来比喻箫声的悲哀凄凉，实际上是作者此时此刻心境的写照。沉浸于这种氛围中的人们愁肠郁结，陷入沉思遐想。

由此可见，在"客有吹洞箫者，倚歌而和之"之前，苏轼的内心就是痛苦的。只是因为迫于贬谪的身份和当时的政治形势等原因而通过景物、叙事、典故的手法来含蓄传达。

（2）小组探究二：

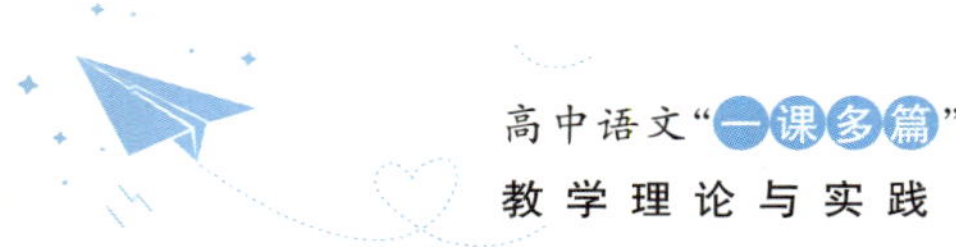

在万家团圆的除夕之夜,姚鼐为什么要历尽艰辛、顶风冒雪登泰山?

1)学生思考,作答。

2)提供背景材料。

①乾隆三十九年(1774),姚鼐四十二岁。他参加纂修的《四库全书》于三十七年告成,以御史记名,此年以养亲为名,告归田里,道经泰安与挚友泰安知府朱孝纯同上泰山,登日观之后,写下了这篇游记。[6]

②关于姚鼐辞官的复杂原因,目前主流的说法是坚守宋学立场的姚鼐与以戴震为核心的汉学派不睦。当汉学以考据为功进而诋毁以程、朱为代表的宋学,姚鼐则坚守程、朱之学,扬宋抑汉。姚鼐面对朋友的挽留而感慨道:"夫士处世难矣!群所退而独进,其进罪也;群所进而独退,其退亦罪也。"可见,姚鼐与四库馆臣论学不合,与戴震等汉学家的严重分歧及其在论争中的身陷孤立,是其告退的关键因素。[7]

3)联系文本分析姚鼐为什么要在除夕之夜登泰山?

①"余以乾隆三十九年十二月,自京师乘风雪,历齐河、长清,穿泰山西北谷,越长城之限,至于泰安。""乘""历""穿""越",在简捷的句式结构中,四个动词蝉联而下,如珠走玉盘,清楚地交代出到泰山的时令和经过,表达了急于登临的心情。

②写登山的路径。"道中迷雾冰滑,磴几不可登"一句,通过登山之艰难,传达出游兴之浓。

③写登上山巅后极目所见的景色。苍山、素雪、蓝天、云雾、城郭、水流,组成了一幅爽心悦目的泰山夕照图。

④"戊申晦,五鼓,与子颍坐日观亭,待日出。""戊申晦",就是腊月二十九日,这一天常是一年中最冷的;"五鼓",就是五更,是一天中最冷的时刻;在坐落在海拔一千五百多米的日观亭,更是高处不胜寒。再加上"大风扬积雪击面",这气候、这环境够恶劣的,作者在日观峰这个至高点上,全神贯注,毫不畏惧和退缩,怡然自得地坐在日观事等待日出。这是怎样不同流俗的坚强意志啊!

⑤第五段以简洁的笔墨补写泰山三多、三少、三无的特征。"无瀑水,无鸟兽音迹""雪与人膝齐",给人一种陡然而来的荒寒之感:大雪封山,冷气逼人,万籁俱寂,仿佛连空气都冻结了。这会使人深思,在那鸟兽音迹俱绝的高山深雪之处,竟然还有游人,这是一种何等不同凡响的意志和壮举啊!

由此可见，姚鼐长途奔波，除夕登山，不走常人之路，看到了日落日出的壮丽景象。他顶风冒雪除夕夜登泰山，是他毅然决然地除旧迎新。他意在表明：我心已决，山水为我见证，我已与旧我告别，走向新我。

4.悟理——体悟审美心理

上乘之作在借景抒情、情景交融之外，还能从物我之间生发出哲理的意蕴，蕴含着民族审美心理。失意之人如何与自然进行对话？从中能体悟怎样的民族审美心理？

问题设计：在人生大失意、大转折面前，苏轼和姚鼐都从自然山水中找到了前行的力量。两者有什么异同？

(1)《赤壁赋》前三段作者抒发的是他贬谪黄州以后，深感壮心难酬的悲叹。第四段，写赤壁水月的变与不变、逝与不逝让苏轼顿悟人生的两重性，最终悟透取与不取的哲理，物我两忘。实际上，这是作者在美妙理想与可悲现实的矛盾面前，用超然态度安慰自我；用隐居山野，以大自然为乐，来解脱精神上的苦闷。苏轼面对自然山月与流水，得到安抚，释怀自我。他由我心未决到决绝，在矛盾中走向理性、旷达。

(2)《登泰山记》中姚鼐面对泰山的崇高，面对世俗的艰难，表现出鲜明的淡定、自足。泰山绝顶的日出在经历风雪之后壮丽呈现，含有姚鼐对人生不断攀登以历绝美的感悟。姚鼐在激荡中走向淡定、自足。

(3)大人物比普通人胜在通透，不俗之人做不俗之事。苏轼和姚鼐都在山水自然中安顿自我，获得物我相融、神与物契的精神境界，并以审美的眼光观照生活中的自然景物，寻找到了属于自我心灵的山水。

山水自有深情，山水自有诗意。登山临水，是心灵的远游。纵观这些自然中呈现的人生的情与理，可以感受到中国自然美学是一种生命安顿之学，在山水自然中可以安顿身心，获得情感的慰藉、灵魂的诗意和精神的超越。

5.作业——内化能力素养

从下面两道题中自选一题。

(1)如果真的存在时空穿越，在你考试失利时，你会选择苏轼和姚鼐中的谁做你的导师呢？请结合文本内容写一篇短文，200 字左右。

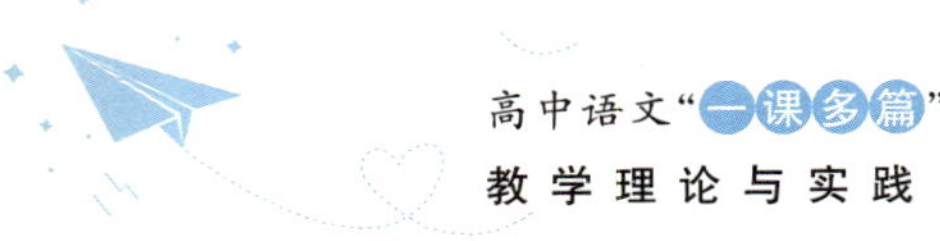

(2)面对充满魔力的人文山水,你是否也有万千情思在心中激荡?任选你最喜爱的景观为创作对象,结合阅读体验和生活经历,写一个 200 字左右的散文片段,表达你独有的情思。

参考文献

[1]中华人民共和国教育部. 普通高中语文课程标准(2017 年版 2020 年修订)[S].北京:人民教育出版社,2020:17-18.

[2][3][4]苏轼.苏轼文集[M].北京:中华书局,1986:1536,1709,1745.

[5][6]陈振鹏,章培恒.古文鉴赏辞典[M].上海:上海辞书出版社,1997:1392,1943.

[7]吴怀东.《登泰山记》与义理、考据、辞章“相济”论[J]. 安徽大学学报(哲学社会科学版),2019,(6):51.

必修上册第七单元第十六课（设计二）

《赤壁赋》《登泰山记》教学设计

天津市四合庄中学 鞠琳

一、单元任务解读

统编版高中语文必修上册第七单元的主题是“自然与情怀”。本单元是必修教材中唯一一个专门的散文单元，属于学习任务群中的“文学阅读与写作”。学习本单元的写景抒情散文，感受自然之美，提升感悟力，激发对自然的珍爱和对生命的热爱之情；培养与自然和谐相处的理念，树立合理的自然观；探寻民族文化观念和审美心理，增强对民族文化的认识和了解。

本单元共三课。第 14 课选编了郁达夫的《故都的秋》与朱自清的《荷塘月色》。《故都的秋》描写故都北平的秋天，抓住富有特点的景物，细腻刻画了故都的秋“清、静、悲凉”的特点，文中充满了对这座城市的留恋和热爱，作者的审美旨趣和性格也隐含在字里行间。朱自清《荷塘月色》写出了月下荷塘的朦胧幽静之美，也写出了自己的心境，情景交融，意境优美。第 15 课选编了史铁生的《我与地坛》。本文追述了“我”的经历，写出了地坛这一古老的场景对于“我”的意义，景物描写与对往事的回忆交织在一起，充满哲理意味，表达了作者对生命的思考和对母亲的怀念之情。这三篇现代散文在北京的自然景物的描绘上呈现出多姿多样的美和不同感悟。第16课选编了苏轼的《赤壁赋》与“桐城派”代表作家姚鼐的《登泰山记》。《赤壁赋》运用主客问答的形式，描写了月色下长江的优美景色，心情由舒畅到悲咽，再到达观解脱，表现了苏轼豁达的人生态度，骈散结合，情景交融，情理相生，堪称绝唱。《登泰山记》写出了雪后泰山的独特景致，叙事写景简洁明快。两篇古代文学散文体现了“智者乐水，仁者乐山”“失意人生的不同选择”。

单元三课编排顺序是由今至古，先易后难，是由白话文向文言文阶梯式难度递进的学习过程。第14课《故都的秋》《荷塘月色》这两篇文章是景与情相融合的典范之作，教学中通过比较鉴赏，让学生对悲凉美和清新美都有较深刻的认识，丰富学生的审美情趣，重点篇目是《故都的秋》；第15课《我与地坛》理解作者在“地坛”中产生的独特的充满深邃哲学思考的人生感悟，体会寓理于景的写作特点；第16课《赤壁赋》和《登泰山记》教学中可以引领学生探讨历代文人寄托在赤壁和泰山上的不同情思，探究其背后蕴含的文化意义，重点篇目是苏轼的《赤壁赋》。

单元总体学习任务：

(1)整体感知文学作品，涵咏品味领悟作品的内涵，把握作者情感态度，获得审美体验。

(2)从不同角度、不同层面鉴赏文学作品，对作品的表现角度和艺术价值有独到的感悟和思考，感受作品的文辞之美。

(3)结合自己的生活体验，运用一定的艺术手法，选取自己喜欢的一处风景，写一篇情景理交融的散文。

这三项单元学习任务涵盖散文的感悟体会、审美鉴赏、内化表达。这些学习任务的设计紧紧围绕着审美鉴赏与创造、文化传承与理解、语言建构与运用等语文核心素养。

二、学情分析

高中起点的学生，已经具有一定的文言基础，对于重要的文言实词、虚词及文言句式，已经有了一些直观经验的积累，也具有了一定的文言文阅读能力。因此，现阶段学生对文言文的学习由继续积累文言实词、虚词及文言句式，逐渐将重点转移到“鉴赏”的层面并尝试文言文阅读探究性学习。

学生在初中阶段已经学过苏轼的一些诗文，如《水调歌头·明月几时有》等，而姚鼐所代表的“桐城派”作品学生没有接触过。初中的学习停留在阅读背诵和低层次的鉴赏阶段，理解流于肤浅，缺乏深度。但从总体上，学生对苏轼的作品还是具有浓厚的兴趣。高中生思维活跃，理解能力和独特感悟能力大大加强，因此，完全可以用语文课程所特有的丰富的人文内涵对学生进行熏陶感染，拓展及深化学生的精神领域，使学生能感悟苏轼在困境中所表现出来的旷达乐观的情怀并受到启迪。感受姚鼐对于自然是一种纯粹的热爱之情，为了欣赏泰山奇景，他顶风冒雪、千里跋涉，只为饱览泰山日出之景。

另外，处于这个阶段的学生都渴望长大，但成长过程中总会遇到困惑、碰到挫折，又难以释怀，心中充满了迷茫。文章中苏轼面对挫折的那种坦然、达观的态度；而姚鼐虽受的打压相对温和，但他的解脱之法却异常决绝，他选择的是对旧有选择的放弃，另寻了一片天地。这些“人生突围法”恰恰使学生们久旱逢春雨，起到了良好的教育和启发意义。

三、任务学习整体思路

两篇古代散文采用“一课多篇”阅读教学形式，用 3 课时完成。第 1 课时，通过课前预习，掌握基本的实词、虚词、词类活用、特殊句式等文言知识，整体感知文本，梳理作者的游踪；第 2 课时，体悟《赤壁赋》《登泰山记》情景理交融的特点，感受作者借山水书写世俗困境、在山水中寻求突围途径,最终在天人合一的理念中实现个体自由的生命历程,对比分析两篇散文抒情方式的差异,以读促写;第3课时结合前两课时的对话文本、对话作者,本课时侧重对话自我,在自然中实现生命阅读,帮助学生构建自己的生命小屋。本篇案例设计为第2课时的教学内容。

四、学习任务与目标

1. 掌握基本的实词、虚词、词类活用、特殊句式等文言知识,整体感知文本。

2.体会作者观察、欣赏和表现自然景物的角度和特点,厘清景物描写的技法,学会做批注。

3.关注作品中的自然景物描写和人生思考,结合课文,分析情景交融、情理结合的手法。

4.探究两位作者在山水中实现生命突围的异同,对比阅读这两篇写景抒情名篇,感受中国古代文人或显或隐地将个体思考寄予于山水之景中的文学自觉,落实单元写作任务。

5. 学会结合文体特点,挖掘与归纳中国古代写景抒情类散文的创作特点。从《赤壁赋》《登泰山记》等多篇文章中感受民族审美心理、审美特点和赤壁、泰山背后的文化含义。

6.在自然中实现生命阅读,结合自己的知识储备,归纳在自然中实现"生命突围"文人骚客的文章,学会运用批注式鉴赏方法,品鉴此类散文,小组互评学生习作,修改整理编辑成册。

课时设计:第二课时

五、整体教学设计

整体意图:《赤壁赋》与《登泰山记》整合为第16课。教学设计及教学实施要落实其在“这一课”和“这一单元”中应该承担的教学任务。结合本课学习任务与目标，拟定以“一课多篇”为主的教学实施策略：结合课前发放的“学习任务单”，设计学习活动支架，创设学习情境，设定学习活动，安排学习任务。

六、第二课时教学过程

1.导入

余秋雨曾在散文集《文化苦旅》自序中说道：“我发现自己特别想去的地方，总是古代文化和文人留下较深脚印的所在，说明我心底的山水并不完全是自然山水，而是一种人文山水。这是中国历史文化的悠久魅力和它对我长期熏染造成的，要摆脱也摆脱不了。”之所以称“人文山水”，是因为人、历史、自然交融在一起，山川自然被赋予了丰富的意义。今天让我们继续共读中国古代写景抒情的名篇——《赤壁赋》和《登泰山记》，感受苏轼和姚鼐笔下的山水之美和潜藏其中的丰富感悟。

2.任务一：由山水悟情思

【问题 1】试从文中找出相关语句并概括景物的各自特点，填写表格。

【设计意图】编者把自读课文《登泰山记》与教读课文《赤壁赋》整合为“一课”与现代散文处于同一单元，意将打通古今，实现大单元语文阅读教学目标。本单元每一篇都具备山水突围的主题内涵，设计本问题，旨在让学生通过捕捉景物特点，为后面教学环节奠定基础。

《赤壁赋》	所见水月	历史水月	哲理水月
相关语句			
景物特点			

《登泰山记》	登山经过	观日出	沿途景观
相关语句			
景物特点			

点拨："仁者乐山，智者乐水。"自古以来中国文人对山水都极为眷恋。《赤壁赋》《登泰山记》两篇文章一乐水，一乐山；一写赤壁，一写泰山。《赤壁赋》"以江山风月作骨"，富有层次地写了赤壁所见、历史之中、哲理感悟的江（水）月。《登泰山记》按照时间顺序写登泰山全程，先写登泰山经过，再写观日出，最后写归途所见自然风光与人文景观。

明确：

《赤壁赋》	所见水月	历史水月	哲理水月
相关语句	清风徐来，水波不兴。 月出于东山之上，徘徊于斗牛之间。 白露横江，水光接天。 凌万顷之茫然。	月明星稀，乌鹊南飞。 方其破荆州，下江陵，顺流而东也，舳舻千里，旌旗蔽空，酾酒临江，横槊赋诗，固一世之雄也，而今安在哉？ 哀吾生之须臾，羡长江之无穷。	逝者如斯，而未尝往也；盈虚者如彼，而卒莫消长也。 惟江上之清风，与山间之明月，耳得之而为声，目遇之而成色，取之无禁，用之不竭，是造物者之无尽藏也，而吾与子之所共适。
景物特点	徐徐清风，缓缓月升 薄薄白雾，淡雅朦胧	英雄人物，显赫一时 人生短暂，现实惨淡	物我永恒，无须艳羡 沉浸自然，逍遥自在

《登泰山记》	登山经过	观日出	沿途景观
相关语句	四十五里,道皆砌石为磴,其级七千有余。 余始循以入,道少半,越中岭,复循西谷,遂至其巅。 道中迷雾冰滑,磴几不可登。及既上,苍山负雪,明烛天南;望晚日照城郭,汶水、徂徕如画,而半山居雾若带然。	大风扬积雪击面。亭东自足下皆云漫。 极天云一线异色,须臾成五彩。日上,正赤如丹,下有红光,动摇承之。 回视日观以西峰,或得日,或否,绛皓驳色,而皆若偻。	亭西有岱祠,又有碧霞元君祠;皇帝行宫在碧霞元君祠东。是日,观道中石刻,自唐显庆以来,其远古刻尽漫失。 山多石,少土;石苍黑色,多平方,少圜。少杂树,多松,生石罅,皆平顶。冰雪,无瀑水,无鸟兽音迹。
景物特点	山势高拔,登山艰险	日出瑰丽,千姿百态	三多三少,冰封雪飘

【问题2】这两篇散文中作者的情感有哪些变化?结合文本,完成下方表格。

【设计意图】结合上一问题,层层递进,继续深入文本学习、精读细品,通过生生交流,师生对话完成学习任务"体会作者的情感",有效提高学生参与度,突破课堂教学的重点。鉴赏文学作品的情感美,落实学科核心素养"审美鉴赏与创造"。

文章篇目	相关语句	作者情感
《赤壁赋》		
《登泰山记》		

文章篇目	相关语句	作者情感
《赤壁赋》	月出于东山之上，徘徊于斗牛之间。 浩浩乎如冯虚御风，而不知其所止；飘飘乎如遗世独立，羽化而登仙。	心胸开阔、舒畅，无拘无束，超然独立
	哀吾生之须臾，羡长江之无穷。	苦闷与迷惘
	自其不变者而观之，则物与我皆无尽也，而又何羡乎！	洒脱豁达
《登泰山记》	及既上，苍山负雪，明烛天南。 稍见云中白若樗蒱数十立者，山也。极天云一线异色，须臾成五采。	心旷神怡、兴奋喜悦
	大风扬积雪击面 冰雪，无瀑水，无鸟兽音迹。 至日观数里内无树，而雪与人膝齐。	无所畏惧、热爱赞美
	自京师乘风雪 道中迷雾冰滑，磴几不可登 及既上，苍山负雪，明烛天南。	洒脱乐观、超然豪迈

点拨：“景无情不发，情无景不生。”苏轼《赤壁赋》写出了“赤壁之水月”“历史之水月”“哲理之水月”，姚鼐的《登泰山记》写出了“自然之风雪”“人生之风雪”“哲理之风雪”，请同学们结合文本自然山水的描写，分析两篇文章中作者情感的变化。

明确：

学生分析感悟《赤壁赋》一文的作者情感变化时难度并不大，结合文中相关语句就可概括出。而姚鼐的《登泰山记》属于学者游记，语言洗练，力求用最少的语言传达最丰富的信息。全篇无一句抒情语，不易臆测作者当时的心境，但从他写的诗句来看，能够感觉出他是有很多感慨的。所以在分析《登泰山记》一文作者情感时，教师可以从文本及作者个人经历角度多做启发。

小结：《赤壁赋》中景物的反复穿插，丝毫没有给人以重复拖沓的感觉，反而在表现人物悲与喜的消长的同时再现了作者矛盾心理的变化过程，最终达到了全文诗情画意与议论理趣的完美统一。《登泰山记》洋溢着作者对祖国大好河山的热爱赞颂之情。在姚鼐笔下，隆冬时节风雪弥漫的泰山优美绚丽，毫无冷落萧条之感，游览者顶风冒雪，豪情满纸，胸襟开阔。文章的基调积极、乐观、豪迈，使人读了不仅能欣赏到自然的美，也多少能领略一些人生的真谛。古代游记散文能收到这样的效果，是很可贵的。

3.任务二：于山水寻突围

【问题1】结合创作背景，对比两位作者创作目的有何异同。

【设计意图】通过任务一中两个问题的铺垫，学生理解了两篇文章由景到情，由情及理，景情理交融的文章艺术特点。进而可以通过对比总结这样的教学环节，提升学生思维的广度和深度。落实学科核心素养"思维发展与提升"。

点拨："有我之境，以我观物，故物皆著我之色彩。"同学们可以根据我们对"赤壁之水月"与"泰山之风雪"中蕴含的情理，来对比分析苏轼"夜游赤壁"与姚鼐"雪中登泰山"的目的有何异同。

明确：

①异：苏轼被贬黄州，仕途坎坷，人生低谷，夜游赤壁，把悲喜之情与超然物外的人生之理融入赤壁"水月"中，实现了乐观豁达的精神突围；姚鼐借病辞官，仕途尽头，人生路口，登山临雪，把赞美之情与攀登以历绝美的人生之理融入苍山"风雪"中，实现了超然洒脱的心灵安放。

②同：二者都是融"情理"于自然山水中，在山水自然中安顿身心，获得情感的慰藉、灵魂的诗意和精神的超越。正是"暂将心灵寄山水，神与物契我自安"。

小结：苏轼于对自然山水的观照中抓取住一丝光明，然后迅速扩大，冲淡、中和自己心中的苦痛。而姚鼐登泰山的历程其实就是他面对不公正人生的选择历程的写照，他不走常人之路，不怕另起炉灶，敢于舍弃已有的"坛坛罐罐"。可以说苏轼在重复自己，姚鼐则超越了，超脱了。二人面对自然山水的不同感悟给我们的启发是：面对困难，融入山水中，我们的心胸会豁然开朗；面对困难，我们的出路也可以有多种，坚持与放弃都是一种选择，都是一种智慧。经由一代代文人如椽巨笔的点染描绘，山川万物已不再是简单纯粹的自然之景，而是有了文化底色的人文山水。

【问题2】结合阅读经验和以下资料，思考并讨论：为什么中国古代文人都不约而同地在山水中寻求生命困境的突围？

【设计意图】深入了解中国文人在山水自然中安顿自我的文化传统。通过总结，提升学生思维的广度和深度，由"这一篇"到"这一课"进而掌握"这一类"文章的学习方法，打破"单篇"理解，形成"多篇"共鸣。再次激发学生对自然的珍爱之心和对生活的热爱之情，让学生学会在自然中疗养身心，紧扣本单元人文主题"自然情怀"。

点拨：(1)知者乐水，仁者乐山。——《论语》6.23 章

(2)中岁颇好道，晚家南山陲。兴来每独往，胜事空自知。

行到水穷处，坐看云起时。偶然值林叟，谈笑无还期。——王维《终南别业》

(3)"士"作为国家根本利益的维护者、精神家园的守护者要完成其历史任务，就只能倾尽全力于理想人格的建构，把心灵的和谐、社会的和谐、宇宙的和谐融汇起来，达到"天人合一"的境界。——潘知常《中国美学精神》

明确：

在春秋时期，山水多以伦理形态呈现，借山水来进行道德教化。此外，中国古代文人历来深受儒家"用之则行，舍之则藏"的处世观的影响，倘若无人赏识，则"藏"到哪里？自是青山绿水处。恰如王维"行到水穷处，坐看云起时"一句极尽隐逸生活的闲适恬淡。因此，象征着隐逸、避世而居的山水便与代表着世俗生活最高追求的庙堂相对立起来。所以他们在面对人生仕途困境而不得解时，转而投向自然。而山水的接纳、包容，也让他们深化了人与自然浑然一体、融洽自处的理念，即"天人合一"。

4.任务三：析山水学笔法

【问题 1】结合作者当下的处境，谈谈两篇散文抒情方式的不同。

【设计意图】两篇散文分属赋体和游记，各具妙处。通过对比分析，学生对两篇文章抒情方式上的差异了然于心，并且可以更好地体悟到姚鼐为代表的"桐城派"文笔丰赡博雅、注重义理考据的特点。有效突破"文化传承"这一教学难点，落实学科核心素养"文化传承与理解"，并为延伸仿写做好铺垫。

点拨："乌台诗案"获释后，苏轼被贬到黄州任团练副使，官俸停发，衣食无着，曾做诗句"古人不复通问讯，疾病饥寒疑死矣"表达当时的困苦之境。元丰五年秋冬，苏轼先后两次游览黄州赤壁，写下两篇赋。此为第一篇赋。

《登泰山记》写于姚鼐辞官归故里的途中。姚鼐少怀大志，但仕途之路并不顺畅。后被举荐，参与纂修《四库全书》。本来升迁有望，可他却在《四库全书》告成之

后，借衰病或养亲之名辞官离京。学界普遍认为，实际上是与戴震、纪昀等人不睦。他曾感慨："夫士处世难矣！群所退而独进，其进罪也；群所进而独退，其退亦罪也。"(《赠程鱼门序》)

明确：

虽然两篇散文都是融情于景、情景交融，但《赤壁赋》淡化写景，更多的是抒情言志，借由行歌相答、主客对话的方式表达对个体在浩渺宇宙中如何自处的哲理性思考。《登泰山记》通篇以泰山之景为表现主体。从综观到微观，从日暮到日出，文字细致考究，呈现出泰山或巍峨高大，或泰然祥和，或恢宏壮阔的景象。相应地，我们能从苏轼笔下鲜明感受到他身处逆境之时内心的动摇犹疑，以及最终对人生深沉的顿悟，这种抒情方式是显性的；但是我们几乎无法从姚鼐的这篇散文中寻得他无奈辞官之后的心境，他落笔克制、平淡，情感隐匿在眼底丘壑中。一显一隐，恰是两者不同之处。但无论"显"或"隐"，都体现了人与自然的交融。

【问题2】自古以来，中国就有"文人在自然山水中安顿自我"的文化传统，文人寄情自然之景，以获得物我相融、神与物契的精神境界。请完成以下题目。

①《醉翁亭记》：欧阳修把心灵安放在自然山水中，

将________之情与________的人生之理融入________中；

②《岳阳楼记》：范仲淹把心灵安放在自然山水中，

将________之情与________的人生之理融入________中。

【设计意图】延伸练笔，学以致用，挑选学生学过的名篇进行升华练笔，回忆提炼已学文章中的"情景理"，深化学生对"文人在自然山水中安顿自我"的文化传统的认识，提升学生的思维深度和广度，进而将这种散文写法内化于心，为课后练笔做铺垫。

点拨：散文家梁衡说："人与自然的交流是一个永恒的话题。人从自然中索取物质，维持生命，同时又从它身上感悟美感，培养审美能力。"诚如斯言，人们生活在自然中，从自然中获取物质和能量，同时又从自然中获得美感、启示和寄托。而通过文学作品对自然的描写反观自然，又可以提升对自然美的感悟力，激发对自然和生活的热爱之情。

明确：

①《醉翁亭记》:欧阳修把心灵安放在自然山水中,将失意苦闷之情与与民同乐的人生之理融入<u>环亭"山林"</u>中;

②《岳阳楼记》:范仲淹把心灵安放在自然山水中,将忧国忧民之情与云淡风轻的人生之理融入<u>洞庭"阴晴"</u>中。

课堂总结:

中国文人是有山水情结的。从谢灵运开辟山水诗之后,"山水"便成为文人笔下的常客,他们借山水以抒情、言志和明心。山水名篇《赤壁赋》和《登泰山记》同样如此。两者抒情方式一显一隐,共同借山水书写自己的生命困境,借以在山水之境中审视自我、审视社会、审视宇宙,并将个体生命统一在自然生命之中,留下千古佳作。从此,山水也不再只是自然山水,而成为彰显文人心迹的"人文山水"。

5.任务四:作业布置

学到这里,你是否也有万千情思在心中激荡?山水之美,需要审美化的眼光才能彰显。请试着发现你周边的山水之美,并用文字记录下来。

题目示例:我们每天行走在校园(村庄或小区等)里,或许很少意识到,这里的一花一草、一木一石,都隐藏着许多与我们息息相关的密码。以《我仿佛第一次走过________》为题,写一篇800字左右的散文,反复诵读练习后,与同学分享。

【设计意图】学以致用,深化学生对民族审美心理的认识,在阅读教学中融入"写"的积极因子,在写作教学中发挥"读"的引导效应,从而使读与写相互作用,和谐共生,落实单元学习任务"写景抒情散文中反映的作者的审美倾向和人生思考""借鉴写法,读写结合"。

七、板书设计

从自然山水到人文山水

——《赤壁赋》《登泰山记》"一课多篇"

景:融情于景

情:一显一隐　天人合一

理:慰藉超越

必修下册第六单元第十三课

《林教头风雪山神庙》《装在套子里的人》学习活动设计

天津市宝坻区第一中学 仇晓健

一、单元学习任务分析

统编高中语文必修下册第六单元编排了三课内容，包括五篇古今中外小说，隶属于必修部分七个任务群之一的“文学阅读与写作”任务群。第十二课《祝福》为单篇一课，第十三课与第十四课均为两篇一课，第十三课编选的是《林教头风雪山神庙》和《装在套子里的人》，第十四课编选的是《促织》与《变形记》。这些作品都是文学史上的经典之作，反映了不同时代、不同地域的社会生活和人情世态，表现了强烈的社会批判性。阅读这些作品，可以加深对社会的理解，提升思维品质，培养高尚的审美情趣。

本单元三课中，第十二课《祝福》是对传统思想观念下人生众相的审视与批判，文本借祥林嫂一生的悲惨遭遇，批判了封建礼教的“吃人”本质；第十三课《林教头风雪山神庙》与《装在套子里的人》是对社会环境尤其是政治意识环境对人生存状态的压制与逼迫。《林教头风雪山神庙》极为典型地展现了社会环境对人物性格的影响,批判了"官逼民反""乱自上作"的黑暗统治。《装在套子里的人》以小人物别里科夫异常胆小怕事的性格特征,控诉了专制统治对人民思想行为的钳制和束缚。第十四课《促织》和《变形记》借人的"异化"反映社会的异化对正常人性的戕害,批判了"官贪吏虐"及人与人隔膜孤独的社会现实。三课作品都在凸显小说主题的社会批判性,但又各有侧重。《祝福》指向的是中国自古代社会发展以来逐渐僵化消极的礼教思想,《林教头风雪山神庙》《装在套子里的人》指向的是典型环境对人物形象性格与命运的影响,《促织》《变形记》指向的是社会环境异化了人的本性,将社会环境的恶劣影响推向了极致,批判的锋芒更加显著与锐利。

两课一课多篇都是以中国小说作品阅读鉴赏为精读,外国小说为略读,基本体现了在理解本民族精神文化的基础上对外国多样文化的吸收与鉴别,因此这个单元的小说作品阅读写作任务要突破文体阅读鉴赏的局限,将思维的深刻性与批判性作为学习任务的核心,最终由审美和思维指向文化的理解与鉴别。

单元学习总任务:

(1)从小说人物与环境共生互动关系分析鉴别作品的社会批判性;

(2)从人物、情节、环境、叙述、语言等角度鉴赏不同风格的小说;

(3)把握小说的虚构特点,能讲述或创作虚构的故事。

单元学习任务的目标是在初中小说文体认知与体验学习的基础上,拓展小说阅读的鉴赏角度,深化对小说文体特征与小说类型的理解与判断,增强对小说文本社会意义的认识,发现小说文本的民族文化属性,提高文化辨别力与审美品位。单元学习任务的重心是理解作品的社会批判性。

二、学情分析

义务教育阶段学生已经学过若干数量的小说，积累了小说阅读的部分图式，基本能够梳理小说情节并概括人物形象特点，可以初步分析人物形象与主题的关系，对中外小说风格的多样化也有一些不太自觉的感知与了解，对中国古代章回小说的艺术形式特点有一定的熟悉与理解。小学阶段的小说学习主要集中在情节叙事和简约的人物形象性格分析。初中阶段学生接触的小说类型较为多元，有中国古代文言笔记小说、古代章回小说、现代白话小说、当代科幻小说和外国批判现实主义小说，学习重点主要在小说文体图式与阅读方法的积累，特别是整本小说阅读指向阅读方法、阅读图式的积累与形成的目标非常明确。九年级上册第四单元的综合性学习《走近小说天地》是小说专题学习活动，包括用流程图形式梳理情节专题、制作小说人物卡片档案，展开想象对小说进行二次创作三个专题。

与本课关联度最高的是学生已经积累了中国古典章回小说以曲折的情节和典型性格的人物形象见长的阅读认知，对章回小说文体特点回目设置和线性、环状情节推进建立起初步的图式，学习《林教头风雪山神庙》就可以利用原有认知经验出示回目和环状情节结构进入主题与社会环境探讨，学习《装在套子里的人》就可以利用《变色龙》和《契诃夫短篇小说》的阅读体验进入自读问题的发现与解决。

三、学习任务与目标

(1)自主梳理小说情节，概括主要人物形象林冲与别里科夫的性格特征。

(2)探究作品人物命运与环境的共生关系，理解作品的社会批判性。

(3)欣赏作品一波三折的叙述艺术技巧，在真实生活基础上进行带有虚构性质的故事创作。

课时设计及示意图：三课时，重点是第二课时

《林教头风雪山神庙》《装在套子里的人》

- 整体感知：第一课时：1.依据回目提示的矛盾冲突自主梳理《林教头风雪山神庙》情节发展脉络，借助学习《祝福》的认知经验，在环境、情节发展的关联中理解林站的性格特征。体会小说情节跌宕起伏、张弛有致的纵向叙述节奏。
  2.自主阅读《装在套子里的人》，感知别里科夫的性格特点，体会小说横向展开的叙述脉络。（别里科夫的生活习惯、职场行为、恋爱）
- 局部探究：第二课时：探究人物命运的社会根源，理解作品的社会批判性。
- 总结归纳：第三课时：1.归纳两篇小说的艺术特色。《林教头风雪山神庙》双线索下的线性情节的波澜起伏，细节暗示，两处偷听的巧妙设置，景物渲染。《装在套子里的人》的叙事艺术，即第一人称的叙事角度与展开的叙事结构，幽默讽刺的艺术。
  2. 任选以上其中一种艺术手法，构思一篇小小说。
- 拓展延伸：课后延伸：课下练笔——小小说写作

四、整体教学设计

本课的学习在双线四环节模式下采取合作探究的方式，提升学生对小说的鉴赏能力及对社会人生的观察、判断、分析的能力，提高其思维品质，培养其高尚的审美情趣。

第二课时小说主题批判性专题探究

1.导入

上节课我们自主阅读了《林教头风雪山神庙》和《装在套子里的人》,对林冲和别里科夫的形象有了初步的了解,对小说的不同风格的叙述有了初体验。课前,同学们又自主阅读了学习资源《林教头风雪山神庙》赏析(彭兆春),对文本有了进一步地把握。今天我们将对两篇文章进行深度学习:探究人物命运的社会根源,理解作品的社会批判性。

2.见仁见智说林冲——探究人物命运的社会根源

【设计说明】小说的主题是通过主人公的命运来表现的,因此探究主题批判性的前提是透彻理解主要人物林冲。通过第一课时的学习,同学们对小说情节有了准确的把握,但对林冲的形象的把握还处于浅层认知阶段,于是设计了如下问题,进行思维引导。

(1)评说林冲的命运。

1)小说为我们展现了丰富多彩的世界,让我们认识了那么多各具特色的人物形象,如果真的能穿越,你愿意穿越成林冲吗?

【设计说明】十五六岁的孩子爱做梦,以此发问能迅速将学生的思维带入到问题情境中。回顾林冲坎坷的人生遭遇,由原来对人物的大体了解顺利进入对人物命运的评判中,思维逐渐深入,为后来的深入分析做了准备。

【思路点拨】不愿意,因为林冲命运多舛。本课前与林冲有关的章节如下:

第七回　花和尚倒拔垂杨柳,豹子头误入白虎堂

第八回　林教头刺配沧州道,鲁智深大闹野猪林

第九回　柴进门招天下客,　林冲棒打洪教头

第十回　林教头风雪山神庙,陆虞候火烧草料场

章回体小说的回目是故事情节的梗概,从回目可以看出林冲的坎坷命运。他原是京城八十万禁军教头,惨遭奸人暗算,被刺配沧州,途中险遭小人陷害。到沧州牢城营之后,林冲被分配看管天王堂。本课就从陆谦、富安奉命追到沧州开始,他们与差拨、管营联手,要置林冲于死地。几经周折后林冲被派去看守草料场。看守草料场时,大雪压塌了林冲的住处,无奈之下,他来到破旧的山神庙暂住,因此

凑巧听见门外奸人的谈话，才意识到自己差点被害死。忍无可忍的林冲终于爆发，提枪刺死了陆谦和富安、牢城管营这三个小人，在风雪之夜投奔梁山。

由此可见，林冲的经历曲折，虽然出场的身份不错，但是却没有期望中的八十万禁军教头应有的潇洒，反倒是一路受陷害，不得不落草为寇。

2)阅读下面材料，你赞同他们的观点吗?

【设计说明】广泛参考他人的观点，可以更加全面、更加深刻地认识人物形象，增强认识事物的敏锐性和深刻性。

“林冲自然是上上人物，写得只是太狠。看他算得到，熬得住，把得牢，做得彻，都使人怕。这般人在世上，定做得事业来，然琢削元气也不少。”

——《读第五才子书法》

“水浒一书大题目，林冲一生大胸襟。”

——《金圣叹批评本·水浒传》

(第八回)“诗曰：‘头上青天只恁欺负，害人性命霸人妻。须知奸恶千般计，要使英雄一命危。忠义萦心由秉赋，贪嗔转念是慈悲。林冲合是灾星退，却笑高俅枉作为。’”

(第二十回中)“豪杰英雄聚义间，罡星煞曜降尘寰。王伦奸诈遭诛戮，晁盖仁明主将班。魂逐断云寒冉冉，恨随流水夜潺潺。林冲火并真高谊。凛凛清风不可攀。”

——《李卓吾评本·水浒传》

【思路点拨】从以上两人的评点中，可以发现，金圣叹对林冲还是持肯定态度的，林冲的不幸遭遇和逆来顺受并没有影响林冲的整体形象，在金圣叹的眼里，林冲就是一个顶天立地的英雄。李卓吾开始对林冲的态度更多的是同情，面对林冲的遭遇与忍耐，李卓吾曾连用了三个“恶”字和三个“腐”字以哀林冲之不幸，怒林冲之不争。林冲落草之后，李卓吾对他的评价还是很高的，认为其“真高谊”“凛凛清风不可攀”。然而这样一个本质上的英雄人物，却连遭厄运，由此会引人深思。

(2)探究命运的根源。

造成林冲多舛命运的原因是什么?

【设计说明】引导学生深入思考自身和社会多方面的原因，学会多角度地分析问题，使其思维突破片面发展到全面，进而明确人物性格和命运的社会环境的互动共生关系。

【思路点拨】

1)性格决定命运。林冲命运多舛,与其自身的性格有很大关系。文中的林冲主要特点就是隐忍和苟安,忍辱负重、忍气吞声。面对妻子被别人调戏的奇耻大辱,他不敢言,不敢打,忍下了这口气。到沧州之后,李小二告诉他近日本地来了“尴尬人”,林冲听后买了尖刀到处追寻,找了几天没找到,便“忍”了下来;派他看管草料场,本是个阴谋,林冲毫无察觉,竟然计划着天晴后找个人修整一下住处,其随遇而安、逆来顺受的性格表现得更加明显。多次被害,却一直忍受着。正因如此,才有了后面一次又一次的陷害。

2)生不逢时。如果林冲一开始就反抗,会不会就没有了后面的磨难?联系刚刚学过的《祝福》中的祥林嫂,她曾反抗过,但最终难逃封建礼教的围攻。在外部环境相同的情况下,人与人之间的差异最主要的影响因素是性格,但是做纵向比较,同样武功高强的人在不同时代,不同时期却命运各异,其原因是什么呢?当然与所处的社会环境有关。虽然自身的原因不可忽视,但是作为武功高强的禁军教头,林冲命运的是难以自己掌控的。就像《祝福》里的祥林嫂一样,她的命运是掌控在封建礼教卫道士手里的。林冲生逢封建社会宋朝末年,作为宋代京城八十万禁军教头,属于统治阶级的一员,过着安分守己的小康生活,后来妻子被高衙内调戏,再是栽赃陷害、发配充军、途中谋害等,起初他不反抗,是他不想违逆上级,更不能反抗朝廷,一味地隐忍,不想理会小人的挑衅,只想过普通的安静生活。可以说林冲的隐忍与他的身份直接相关。虽然他也结交英雄豪杰,对统治阶级也有不满,但是生活在封建社会的他对统治者一直抱有幻想,希望能“遇明主”。他一直被封建的忠君思想束缚着,反抗上司就是反抗朝廷。可以说特定的社会环境造就了林冲隐忍的性格,一忍再忍;更是因为黑暗的封建统治使得林冲一次次被陷害。他最终被迫风雪夜复仇,亮出了他性格中“狠”的一面,由此也可得知社会的黑暗程度。林冲的“狠”也使人物突破了原有的生存环境,去投入到梁山这一更为自由的“反叛”的社会。

由此可见,小说中人物的性格的展现与所处的社会环境是互动共生的。社会环境压制下形成了林冲“忍”的性格,而林冲性格中潜藏的“狠”的一面促使他开始反抗社会环境,水泊梁山这个相对和谐的世界展现在众人面前。

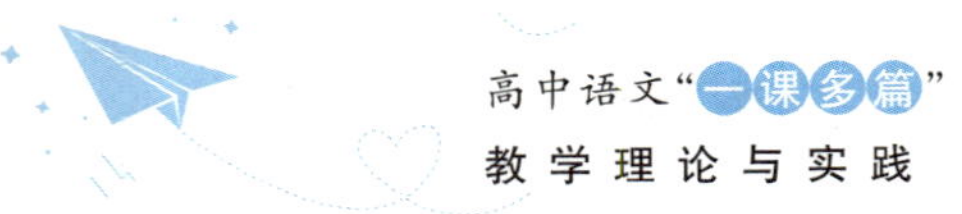

3.鞭辟入里议套子——理解作品的社会批判性

【设计说明】此活动主要是深入探究作品的社会批判性。若想明白作者的创作意图,就要继续挖掘社会环境对人物行为的深层影响,这种特有的深层的影响就是作品的批判指向。于是设计了下面的问题。

(1)挖掘民族特性心理——人物行为的原动力。

林冲与别里科夫有着不同的人生命运,在"世界文学相似人物"网络评选活动中,却同时入选"套中人"。束缚他们的套子是什么呢?

【设计说明】支配行动的是人物的心理,此问题意在引导学生透过作品人物深度挖掘本土作品中潜藏的民族特性心理。

【思路点拨】

生活在北宋末年的林冲屡遭迫害,却屡次忍耐,而忍耐的最深层原因就是求稳的心理,固守祖职,安稳生活是他也是当时大多数人的追求。套住他的就是中华民族的官本位和中庸心理习惯,即忍辱负重的人生选择。

生活在沙皇专制制度别里科夫是典型的套中人,沙皇政府的法令、一切陈规陋习还有潜藏的奴性心理已经深深把他套牢了, 面对新生的事物则是恐惧至深,怕出乱子的思想观念最终成为勒死他的枷锁。

(2)探讨作品的批判性——由果溯因。

两个被套住的人最终"解套"了吗?

【设计说明】此环节主要是探讨《林教头风雪山神庙》和《装在套子的人》的社会批判性,培养学生的逻辑思维能力。引导学生欣赏不同风格的作品,理解不同文化背景下的作品。

【思路点拨】

1) 林冲最终解套了。善良的林冲最终冲破了强大的中华民族文化心理的束缚,被逼上了梁山,从此走上了反抗的道路。而逼迫他反抗的正是他心中一直忠诚的以高俅等黑恶官府势力为代表的朝廷,林冲是受压迫者中的一员,这样有身份的人都照样被压迫,何况普通百姓呢?所以出现方腊、宋江等农民起义军也是自然的,乱自下生的根源是乱自上作。从而凸显出作品的主题"官逼民反"。

这是善与恶的对立, 作品借此批判了北宋末年封建统治制度的极致黑暗,即恶人当道,天道已无。以林冲为代表的善良之人被险恶小人逼到了绝境,大雪之夜只能寄身于山神庙中，一块巨石救了林冲的性命，这块凭空出现的巨石成了庇佑善良义士的神明天理。世无道，天道纠之，这恰恰促成了中国古典小说传统的“道德”结构，也符合中华民族传统的“惩恶扬善”心理。

2)别里科夫没有解套。祥林嫂死了，死于“吃人”的封建礼教，别里科夫归也死了，根结底是被“别出乱子”的高压的专制政治思想观念束缚而死。而这种畸形观念的形成正是沙皇专制制度对人的精神虐杀。别里科夫既是沙俄专制制度的卫道士，又是牺牲品。他对别人的辖制到了病态的地步，而这种人恰是在病态的社会中产生的，代表强权的沙俄统治制度极力维护现行秩序，维护的办法是对弱小民众思想的钳制。这是强与弱的对立，作者意在以此愤怒地控诉沙俄专制统治，批判保守的社会思想文化对人的桎梏。深刻地揭示和批判沙皇专制制度对人的精神的禁锢和摧残。并警醒读者反思人性中的奴性。

4.牛刀小试写短评——学习成果测评

【设计说明】此环节主要是对前面探究成果的测评，巩固本节课所学重点知识，即学生的深度思维能力，同时训练他们的表达能力。

“世界文学相似人物”网络评选颁奖活动即将开始，请你为同时入选“套中人”的林冲和别里科夫各写一段颁奖词。要求：①突显人物特征；②语言表述鲜明生动、连贯得体。

示例：电影《战狼2》角色颁奖词。

冷锋：敢爱敢恨，勇往直前。脱下军装踏上为妻复仇路，心系同胞勇闯非洲叛乱区。重回战场，他就是一名战士，手举国旗，他是永远的战狼。

【设计说明】此活动主要是考察对人物的理解程度，巩固认识作品对社会的批判意义，强化课堂深度思维的梳理，同时也训练了“短评”这类应用文体的表达。实现了知识的积累与运用。

【参考思路】

林冲：忍无可忍，无须再忍。挣脱了束缚自己多年的套子，一杆利枪刺向了黑暗的统治者。冒风雪东上梁山，别朝廷放下执念。生不逢时世无道，替天行道道林冲。

别里科夫：如履薄冰，战战兢兢，别出乱子，守住体统，作茧自缚，作死一生。

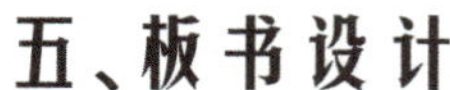

五、板书设计

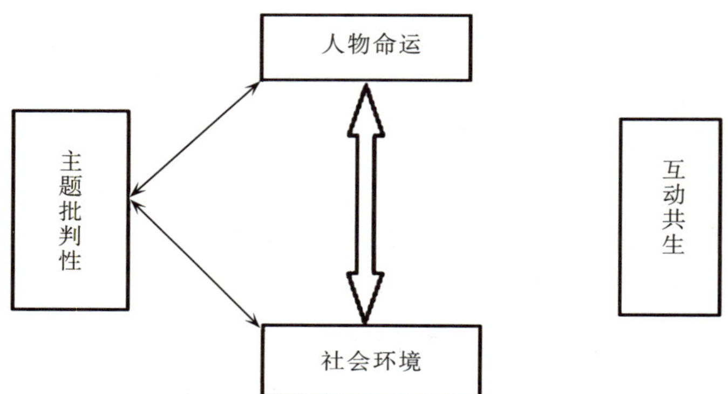

参考文献

[1]中华人民共和国教育部.普通高中语文课程标准(2017年版)[S].北京:人民教育出版社,2018.

[2]人民教育出版社,课程教材研究所,中学语文课程教材研究开发中心.普通高中教科书教师教学用书(语文必修下册)[M].北京:人民教育出版社,2019.

[3]中华人民共和国教育部.普通高中语文教科书语文必修下册[M].北京:人民教育出版社,2020:93-136.

[4]于蕾.《水浒传》中的鲁智深、林冲研究[D].长春:东北师范大学,2013:19-24.

必修下册第六单元第十三课（设计二）

《林教头风雪山神庙》《装在套子里的人》教学设计

天津市咸水沽第一中学 张影影

一、单元任务解读

统编版高中语文必修下册第六单元，从属于课程标准规定的必修七个任务群中的“文学阅读与写作”任务群。这一任务群就是要让学生“感受作品中的艺术形象，理解欣赏作品的语言表达，把握作品内涵，理解作者的创作意图；加深对作品的理解，力求有自己的发现……”本单元是学生在高中阶段第一次集中学习小说。小说这种文学体裁是不同于其他论说文体或实用性文体的，它属于想象文学，更多的是作者的一种精神思考，是作者建构的精神世界。同时作为文学类文本，小说又不同于诗歌和散文的个人化表达。小说的创作目的是指向社会生活的，它总有对现实的挣扎与反叛，作者是用虚构的故事创造一个虚拟的世界让读者去感受不一样的人生，具有很强的代入感。虽然是虚构的，但又具有真实的精神内核，表达自己对世界的观照。

本单元共三课五篇文章，均为有较强社会批判性的作品，体现了"观察与批判"的人文主题。其中《祝福》单独成课，体现鲁迅小说"为人生"的宗旨，思考社会环境对人物命运的影响，通过分析祥林嫂不幸的社会根源体会鲁迅"引起疗救的注意"的旨意，侧重小说人物形象的塑造；《林教头风雪山神庙》和《装在套子里的人》编为一课，除了关注社会环境对人物命运的影响、人物形象的典型意义，还要关注看似巧合的情节中现实的逻辑链条，不同的人生选择导致了命运的不同走向；《促织》和《变形记》编为一课，都在通过"幻化"的故事对现实进行批判，这种"幻化"的手法是这一课的学习重点。同时，"一课多篇"的形式又让学生同时面对多篇文本，学习时要考虑各要素之间的关系以及他们对于人物性格形成和发展所起的作用，特别是通过学习这些作品，加深学生对于社会人生的理解，提高学生的思维品质，得到审美的愉悦。

单元总体学习任务：

(1)知人论世，在人物与社会环境的共生、互动的关系中认识人物性格的形成与发展，关注作品的社会批判性，深入理解小说的思想内容。

(2)学习小说创作的多种艺术手法，品味小说在形象、情节、语言等方面的艺术魅力，感受作品中的艺术形象。

(3)学习通过读书笔记等方法记录自己的阅读感受和见解。

二、学情分析

学生在初中阶段已经接触过小说这种文学体裁，对于小说的文体特点有了一定的了解，同时根据课程标准的要求，学生应该有一定量的必读书目作为阅读基础，整本书阅读过《水浒传》，课上也学习过《变色龙》，有了这样的基础，对于学习本单元内容应该是很有帮助的。针对高一的学生，教师在教学中还要特别注意带领学生进行思维的训练，鼓励学生通过自主合作探究的方式不断深入地研究文本，同时理解小说这种文学形式及其作品内涵，不断培养学生的审美情趣。

三、任务学习整体思路

本设计带领学生运用项目式学习进行小说“一课多篇”的阅读与研讨。根据单元学习任务，学生和老师一起确定一个核心主题，即本次研究的项目——在人物与环境共生、互动的关系中认识人物性格的形成和发展。

在这一核心主题下为本项目设计三个小课题。

(1)研究小说的社会环境，分析“他们怕什么”。

(2)找出小说中的突发事件并分析其作用。

(3)从人物的应对看人物的性格特点。

分别对应研究小说中社会环境对人物的影响、人物在情节发展过程中与社会环境产生的相互关系及人物在社会环境中性格的形成与发展来完成对项目主题的研究，同时对教学内容进行贯通式的整合，完成“一课多篇”的教学。

在实际教学的过程中，学生会根据自己的兴趣和特长以小组为单位认领小课题，然后进行分工合作，规定完成的时间并每天填写进度表格，教师适时进行过程性评价，带领学生精读文本同时穿插教师对于研究项目的指导答疑，学生最终完成个人读书笔记和小组研究报告，并在课堂上进行汇报，最终达到完成教学总目标的任务。

四、学习任务与目标

(1)知人论世，在人物与环境共生、互动的关系中认识人物性格的形成和发展。

(2)关注小说情节线索，体会小说引人入胜的叙事手法。

(3)分析人物形象的典型意义，理解作品的社会批判性。

课时安排:3 课时

五、整体教学设计

(一)第一课时

教学重点:【初读感知】

确定本次项目学习主要任务——在人物与环境共生、互动的关系中认识人物性格的形成和发展,设计出小组项目研究的课题。初步阅读文本并进行项目学习的前期准备。

1.导入

同学们,你们知道四大主要文学体裁是什么吗?(学生自由回答:诗歌、散文、小说、戏剧)没错,那么你们对小说有什么认识呢?你又读过哪些小说呢?(学生个别回答)教师强调小说反映社会生活的这一特点。

从这节课开始,我们一起学习第 13 课的两篇小说《林教头风雪山神庙》和《装在套子里的人》,探讨一下小说这种文学作品的特点。

2.基础阅读

了解作家作品及相关背景。

(1)施耐庵及《水浒传》创作背景、《水浒传》中的重要人物以及与林冲相关的情节。

(2)契诃夫与批判现实主义,19 世纪末沙皇俄国的社会状况。

这部分内容由学生通过预习提前准备,学生可以根据初中阅读基础进行整理,课上由学生向全体同学介绍。

教师可以根据学生回答进一步补充与《林教头风雪山神庙》相关部分的背景和小说体例等相关常识。

3.初步阅读

指导学生通读两篇文本,了解小说分别讲了什么故事。

4.明确任务,认领课题

(1)在了解文本的基础上,带领学生关注单元学习任务,确定本次项目学习主要任务——在人物与环境共生、互动的关系中认识人物性格的形成和发展。

设计三个小组项目研究的课题。

1)研究小说的社会环境,分析“他们怕什么”。

主要意图:这个任务是为了研究小说中社会环境对人物的影响。

小说中的人物不是孤立存在的,在人物的背后有一张复杂的人际关系网,人物的一举一动,都是其为应对所处环境而做出的反应。在当时的社会环境中,林冲的忍辱求安,别里科夫的胆怯懦弱,某种程度上是一种对自己的保护。林冲怕与权贵产生抵牾,别里科夫怕触犯沙皇专制统治,只有了解了社会环境,才能了解人物行为产生的原因。

2)找出小说中的突发事件并分析其作用。

主要意图:这个任务是为了研究小说中人物在情节发展过程中与社会环境产生的相互关系。

小说中的突发事件就是对人物命运、小说故事产生重要影响的情节,突发事件改变的是环境,人物在应对环境过程中的做法彰显了人物的性格,所以也可以说突发事件塑造了人物的命运。《林教头风雪山神庙》中“风雪”突然而至,导致林冲出门沽酒、夜宿山神庙、隔门偷听等一系列情节的发生,林冲也因此清醒地认识到了自己的处境,终于走上了反抗的道路,这就是突发事件对人物命运的影响,也是作者的匠心所在。理解小说中各要素之间的相互作用、相互影响对学习小说至关重要。

3)从人物的应对看人物的性格特点。

主要意图:这个任务是为了研究人物在社会环境中性格的形成与发展。

此问题的设计旨在引导学生在情节发展中全面品读人物。看人物如何与小说中的社会环境共生、如何应对突发事件是分析人物性格的有效途径。福斯特《小说面面观》中提到“圆形人物”及“扁平人物”的观点。林冲具有多面的性格,属于“圆形人物”,如在听了李小二的话后林冲急切地买刀寻仇,充分显示了“豹子头”急躁刚烈的性格,而逆境中接管草料场的谨慎细心、随遇而安又是林冲性格的另一面。另一篇小说《装在套子里的人》中契诃夫对于别里科夫符号化的塑造就截然不同

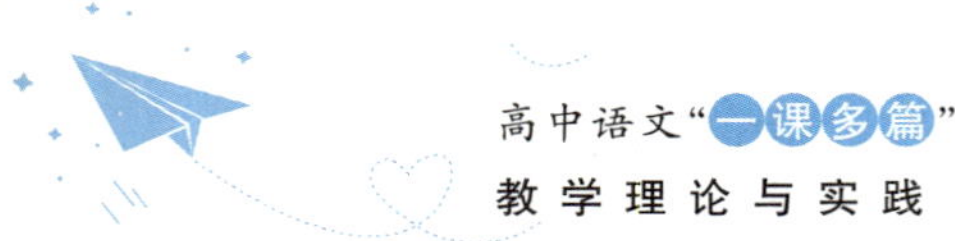

了，别里科夫没有多面的性格，他的所作所为都是被套子禁锢住的表现，他是一个僵化保守的漫画式人物。而这些漫画式的塑造恰恰充分展现了小说的讽刺艺术。通过品析两个不同特点的人物，引导学生学会读小说，学会品人物。

(2)认领任务，安排实施。

学生以小组为单位认领任务。学生认领任务后，在课下进行合作学习，通过网络等方式自己搜集相关资料，并对搜集到的知识进行系统地比较、分类、抽象、推理等，这是学生自主学习的环节，学生要去尝试自己解决问题，实施过程中小组每位同学要有明确的分工，各自负责相同或者不同的内容，最终完成项目问题并形成成果——研究报告或者小论文。

(二)第二课时

教学重点：【重点研读】

精读文本，带领学生继续研究项目课题，并对学生研究过程中的问题进行指导答疑。

1.导入

上节课我们初读了文本，也确定了我们这次项目学习的主要任务，大家也认领了各自小组的研究课题。这节课我们继续探究两篇小说的文本内容，帮助大家继续深入研究。

2.梳理探究

以表格形式汇报研究进度。

表一

课题名称	
小组承担题目	
组长	
成员及分工	
预期成果	

表二

学生姓名	研究时间	研究内容	资料来源	其他备注

表格填写的内容可以作为教师过程性评判的一个参考，主要作用是关注学生的研究进程，同时给予必要的指导帮助。

3.问题探究

学生根据自己的探究提出问题，教师带领同学们一起探究解答，同时对文本进行深入阅读。

在这个环节中要让学生把自己阅读过程中发现的问题提出来，教师注意带领学生深入阅读文本，关注小说情节线索，体会小说引人入胜的叙事手法。特别是"一课多篇"的文本之间的异同，或每一篇独特的艺术特色。学生找到的文本内容要选择齐读或者个别读等方式深入咀嚼，体会小说的艺术特点。

4.拓展延伸

结合本节课的探究继续深入研究自己小组的项目任务，同时搜集其他相关材料补充现有的研究内容。

这里对学生最终的研究报告或者小论文的书写进行一定的指导：首先要有明确的观点，其次要依托于文本，文本内容是主要论据，此外，还要关注小说创作的手法技巧，分析出小说借助了那些手法来完成对人物性格的塑造等内容。

(三)第三课时

教学重点：【主题探究】

完成项目学习任务，理解人物形象的典型意义，深入理解两篇小说的主题，感受作品的社会批判性。

1.回顾文本

请学生用自己的话完整地把两篇小说的故事分别讲述出来。

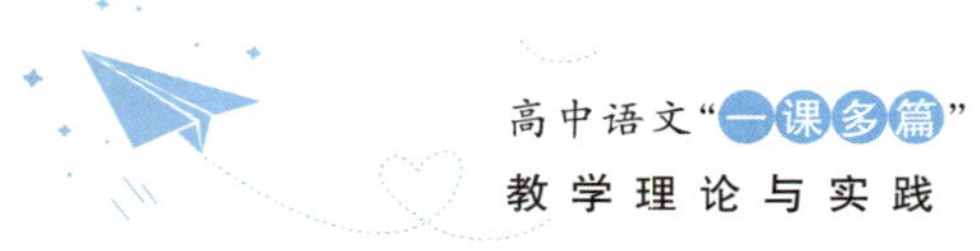

2.读书笔记交流

学生展示自己的读书笔记，分享阅读感受，特别是自己对两篇小说的不同理解。

课上只作为一个引子，课下学生可以通过自媒体形式分享自己的阅读体验，继续进行深度讨论。

3.成果展示

分组展示各自项目学习的研究报告或者小论文，小组之间可以互相点评，教师给出终结性评价。

本次项目学习主要问题——在人物与环境共生、互动的关系中认识人物性格的形成和发展。

小组项目研究课题：

(1)研究小说的社会环境，分析"他们怕什么"；

(2)找出小说中的突发事件并分析其作用；

(3)从人物的应对看人物的性格特点。

学生分小组以研究报告或者是小论文的形式汇报自己课题研究的成果，其中一定要有文本内容作为依据来证明自己的观点的合理性。这三篇小论文综合到一起也就理解了小说中的人物与社会环境的关系，同时学生在分析中以文本内容作为论据，加入对小说手法的分析，不仅完成了本次项目学习的主要任务而且深入理解了小说内涵并学习了小说特有的写作手法。

4.主题讨论

本次项目学习的主要目的还是理解两篇小说的内涵，理解小说的主题还应该作为一项重要内容进行研究。

教师提问：

通过几天的研究，我们发现小说中人物性格的发展变化甚至人物命运的最终结局都与社会环境有着密不可分的联系，这说明了小说反映社会生活的艺术特点。那么同学们对这两篇小说的主题有怎样的认识呢？他们反映的又是怎样的社会生活？

学生通过讨论得出结论，答案不需要统一，通过教师点拨最终升华对主题的认知。

提示：

《林教头风雪山神庙》——封建社会“官逼民反”的必然性。

《装在套子里的人》——封建卫道士的必将灭亡以及对新生活的渴望。

林冲性格的转变与其最终奋起杀人投奔梁山的结局，反映出封建社会官逼民反的社会现实，这也说明压迫最终导致反抗的必然性；《装在套子里的人》作为批判现实主义的代表作，同样反映了沙皇俄国的黑暗以及国民被压迫的现实，面对被压迫的命运，别里科夫作为封建卫道士，他的结局是死亡，这似乎正应验了鲁迅先生的那句话——“不在沉默中爆发，就在沉默中灭亡”。

六、板书提纲

人物	社会	结局
林冲		反抗
	封建压迫（逼）	
别里科夫		死亡

必修下册第六单元第十四课

《促织》《变形记》教学设计

天津市蓟州区第一中学　杜敏娜

一、单元任务解读

本单元是统编高中语文教材必修下册第六单元，属于必修部分七个任务群的“文学阅读与写作”任务群。本单元共有五篇中外小说，通过虚构的人物形象与故事情节反映社会生活，描摹人情世态，表达对人生的思索。单元学习任务的目标是在初中小说文体认知与体验学习的基础上，拓展小说阅读的鉴赏角度，深化对小说文体特征与小说类型的理解与判断，增强对小说文本社会意义的认识，发现小说文本社会意义的认识，发现小说文本的民族文化属性，提高文化辨别力与审美品位。本单元学习任务的重心是学习鉴赏小说，关注作品的社会批判性，品味小说的叙事手法和语言。

本单元三课中，第十二课《祝福》通过描写祥林嫂一生的悲惨遭遇，揭露封建地主阶级对劳动人民特别是对底层劳动妇女的摧残和迫害，揭示封建礼教“吃人”的本质，指出彻底反封建的必要性，是对传统思想观念下人生众相的审视与批判；

第十三课《林教头风雪山神庙》要思考社会环境对人物命运的影响，同时分析情节的巧合性，体会引人入胜的叙事手法；《装在套子里的人》通过细节、语言、神态等描写分析典型人物的典型意义，感受作者讽刺社会、批判现实的思想光芒；第十四课《促织》和《变形记》借人的“异化变形”这种扭曲的形式来揭露社会对正常人性的戕害，《促织》侧重批判封建官僚制度的腐朽、横征暴敛的罪恶，《变形记》更指向人与人隔膜孤独的社会现实。三课作品都凸显了小说主题的社会批判性，但又各有侧重。《祝福》指向的是中国自古代社会发展以来逐渐僵化消极的礼教思想。《林教头风雪山神庙》《装在套子里的人》指向的是典型环境对人物形象性格与命运的影响。《促织》是一篇中国古代文言小说，《变形记》是一篇西方现代派小说，它们都表现了人的本性被社会异化的主题，都是通过“变形”的艺术手法表达了作者对人的生存状态的关注和对社会的感知，表现了人性扭曲的悲哀，揭示了人在强大的社会现实面前的渺小无力，将批判的矛头指向社会。学习时要注意两篇小说在荒诞中透露出的对真实社会人生的揭示，理解作品批判现实的主题，还要思考这两篇小说对“幻化”手法的运用有什么异同。

单元总体学习任务：

知人论世，在人物与社会环境共生互动的关系中认识人物性格的形成和发展，关注作品的社会批判性；了解作者如何运用多种艺术手法实现创作意图，品味小说在形象、情节、语言等方面的独特魅力，欣赏小说不同的风格类型；学习用读书提要或读书笔记记录自己的阅读感受和见解，借鉴小说技法进行创作，把握小说的虚构特点，能讲述或创作虚构的故事。

二、学情分析

在九年义务教育阶段，学生们已经接受过一定数量的小说阅读训练，有一定的阅读基础，具备初步的小说鉴赏和品评能力，能够梳理小说故事情节并概括人物形象特征，提炼概括小说主题思想。同时能够掌握基础的叙事技巧，虚构故事，进行简单的小说创作。初中阶段接触的小说类型比较多元，有古代文言小说《狼》

《世说新语》的《咏雪》《陈太丘与友期》、古代章回体小说《智取生辰纲》《杨修之死》《范进中举》《香菱学诗》《三顾茅庐》《刘姥姥进大观园》、现代白话小说《故乡》《孔乙己》《蒲柳人家》《孤独之旅》《热爱生命》、外国批判现实主义小说《我的叔叔于勒》《变色龙》等。这些篇目的研读主要是分析情节和人物形象的基础上,理解把握作品主题思想。如第二单元围绕"人物画廊"这一主题,学习了《孔乙己》《蒲柳人家》《变色龙》和《热爱生命》四篇小说。单元教学目标确定为:在了解小说的基础上体会小说的主题,学习欣赏人物形象,把握人物的性格,进一步了解小说多样化的表现手法和艺术风格。九年级语文下册"走进小说天地"是第二单元"综合性学习·写作·口语交际"中的一个主题,是在第二单元小说教学的基础上进行的写作训练。根据课程标准的要求和九年级语文教材的实际情况,对小说进行专题研究,包括用图示梳理小说情节、制作小说人物卡片档案、对小说进行二次创作等专题。

高中之前,学生对人物和主题角度分析比较熟悉,从小说的叙事角度和技巧分析上比较陌生。在此基础上,高中语文统编教材上册涉及的小说篇目有《百合花》《哦,香雪》.《百合花》从人物品味细节描写对小说的作用,刻画了有着百合花一样纯洁、高尚美好心灵的小通讯员和新媳妇的形象,传达高尚的人性美和人情美。《哦,香雪》重点从语言描写和心理描写的角度欣赏人物,分析景物描写对刻画人物的作用,歌颂主人公香雪淳朴、自尊、执着与坚毅的品质。两篇小说在赏析角度和方法上与初中相似,在此基础上统编教材下册第六单元是对前面学习的延伸。将中国古代文言小说《促织》和现代派小说《变形记》进行对比,透过不同的叙述视角和看似不可能的荒诞离奇的情节,学生已有的认知体验,加深对作品主题以及对社会现实的批判和思考,分析中西方不同的文化差异带来不同的美学效果。

三、任务学习整体思路

在本单元的教学落实语文"文学阅读与写作"任务群的要求,对文本进行整体感知、质疑思考、合作探究、延伸扩展环节的学习,在人物与社会环境互生互动的关系中认识人物性格的形成和发展,通过对小说手法的对比分析,让学生在思考、质疑、反思、批判中提升鉴赏力,培养思辨意识和批判思维能力,激发语文学习的热情和主动性，提升其高尚的审美情趣。

要引导学生理解作品的思想内涵，又要指导学生赏析作品的写作手法，深化学生对小说体裁的一般理解，体会不同流派、不同风格小说作品的独特魅力。第十四课两篇小说都涉及“异化”情节。对《促织》采用精读的方法，详细挖掘作品主旨，品读“变形”这一情节背后深藏的社会文化审美原因感受古典文化的艺术魅力。在此基础上，引导学生自主学习《变形记》，在比较“异化”主题的同时深入理解文本内涵，对比中西方文化的差异。从而启发学生模仿小说家的眼光去观察社会人生，借鉴小说作品的写法去创作故事，让学生在阅读、思考、观察、写作的融合中提升自己的语文核心素养。

四、学习任务目标

(1)语言建构与运用，归纳《促织》中的文言语法知识点，掌握文言文学习规律，感受作品背后的传统文化内涵，品味《变形记》中的人物描写，体会作品主旨内涵。

(2)思维发展与提升，通过阅读“异化”主题的文学作品，感受文学作品中的艺术形象，探寻两篇小说在表现手法上的异同，了解人在“异化”时的命运，结合自己的阅读体验和生活经验，加深对作品内涵的理解，理解作者的创作意图。

(3)审美鉴赏与创造，研读作品，从情节、人物、环境、细节、语言、情感等角度鉴赏作品，挖掘作品的意蕴，积累鉴赏经验，获得审美体验。

(4)文化传承与理解体会，分析在不同文化背景下，作品的内涵与情感。理解《促织》中揭露封建社会的罪恶，寄托对受尽凌辱和迫害的下层群众的深切同情，感受民族传统文化内涵，体会《变形记》中揭示的资本主义社会的人际关系。

课时安排：三课时

五、整体教学设计

(一)第一课时　初步认识说"变形"

【设计说明】

小说主题是通过变形这一荒诞形式来表现的,解读如何"变形"为何"变形",能更深入地理解主题,从而理解小说的批判性。第一课时主要是对小说情节有初步了解,感受故事情节的发展变化和两篇小说的不同结局。激发学生思考"变形"的深层问题。

主要任务是对文本进行整体感知,疏通《促织》文意,概括故事情节,作品主题,体会人物的内心情感变化;同时,自主阅读《变形记》梳理故事情节梗概,感知作品主题,明确两种"变形"的不同含义,体会主人公及家人的内心情感变化。

1.引入新课

中国古典小说从《封神演义》到《西游记》再到《聊斋志异》,有一种十分常见的情节类型——"变形",借助某种神秘的力量让人异化成"非人",这些看似离奇荒诞的设计,到底隐藏着怎样的文化观念或信仰?从《聊斋》中成名之子变为蟋蟀,到《变形记》中的格里高尔变为甲虫,我们该如何解读"变形"背后的深意?

2.研读感知

环节一:学生自主阅读《促织》,疏通文义,用自己的话复述促织的故事。

提问:小说分别讲述了怎样的"变形"故事?速读课文,编写情节提纲。

【思路点拨】

《促织》讲述了明宣德年间宫中流行促织的游戏,地方官员为取悦上级摊派给百姓,成名被摊派交纳促织,苦不堪言,历经周折得到一只上品促织,却不料被九岁的儿子扑死,孩子惧怕父亲责罚投井自杀。孩子被打捞上来时奄奄一息,其魂魄化为促织,极有战斗力,逐层进献,皇帝得到精品促织,很高兴,赏赐下属,成名也因此转贫为富,过上了良田百顷、"楼阁万椽"的富人生活。后来,孩子也清醒过来,一家人团聚。

情节	起止段	所写内容
序幕(起因)	第 1 段	朝廷征收促织,民不聊生
开端	第 2 段	成名被摊派交纳促织,苦不堪言
发展	第 3~4 段	成妻卜促织,成名按图索促织,喜出望外
高潮	第 5~7 段	成子毙促织,化促织、斗促织,化险为夷
结局	第 8 段	成名献促织,因祸得福,以促织富甲一方
尾声	第 9 段	作者评促织:天子一跬步,皆关民命!

【情节提纲】

环节二　学生自读《变形记》,根据材料了解现代派文学的主要特点和卡夫卡的创作风格,概括小说的情节。

《变形记》讲述了一个小职员格里高尔一觉醒来变成甲虫的荒诞故事,变形后的格里高尔发现周围人的恐惧:上司落荒而逃,母亲瘫倒在地上,家里一片混乱。作为“虫子”的他,无法控制自己的身体,更无法改变自己的处境,渐渐地家里人对他的态度从同情到害怕最后到厌恶,他成了全家的累赘,最后在饥饿和孤独中悲惨死去。

【情节提纲】

第一部分(开端):推销员格里高尔某天早上醒来后变成了甲虫,引起了家人的极大恐慌;

第二部分(发展):变成甲虫的格里高尔,仍然具有人类的意识,他仍旧关心父亲的债务问题以及家里的各种琐事,但依然无法摆脱被家人嫌弃的命运,不久后全家人都将他视为累赘。

第三部分(高潮、结局):家人对变为甲虫的格里高尔忍无可忍,妹妹提出将自己的亲哥哥赶出家门。格里高尔在亲情冷漠的情况下饥寒交迫,并且患病在身,在无声无息中死去。

环节三:课后作业

再读课文并思考:两篇小说都有“变形”的情节,二者有怎样的区别呢?为什么作者会这样处理?

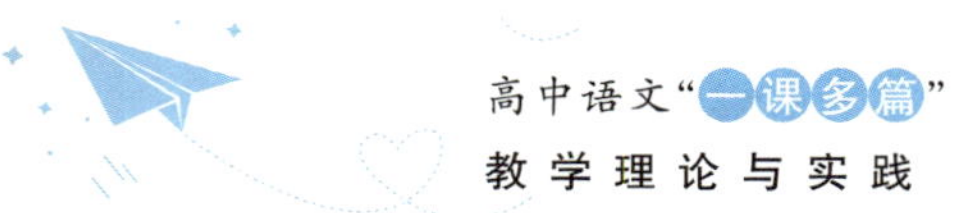

(二)第二课时　赏析探究评"变形"

【设计说明】

通过本课时的学习，促使学生思考现实主义主题和浪漫主义手法的结合，从而凸显和深化主题。通过对小说手法分析，对人物内心进行解读，从而挖掘社会深层原因，解读不同民族文化背景下审美心理差异。以中国传统文学作品《促织》为详解，推动学生对现代派小说代表作《变形记》的解读。

导入新课

梳理情节后我们发现，两篇小说都写了"人化为虫"的故事，虽荒诞离奇，却又真实而意味深刻。如何理解小说人物的"变形"？"变形"背后寄寓怎样不同的文化内蕴？两种"变形"背后要展示的是怎样的社会问题呢？

环节一：合作探究

学生分组交流探讨，比较两种"变形"手法的异同。找出两篇小说在"变形"上存在哪些异同？

在主题方面：

相同之处：都是描写人性的"异化"，表现人性扭曲的悲哀，揭示人在强大的社会现实面前的渺小无力。

不同之处：(1)变形的内涵不同。《变形记》写了人身体的变形和内心的变形，而《促织》只描绘人身体的变形。格里高尔变成甲虫是虫形人心，虫的外形使他被视为异类，被亲人遗弃的遭遇使他的心境极度悲凉；另一种是内心的变形，以妹妹为代表的亲人情感心理的变形。他们是人形虫心，对待曾经的养家人、如今无生活能力的甲虫极为冷淡无情，人性在这里已经扭曲，亲情变成了仇情，善良变成了冷酷。(2)亲情异化程度不同。《变形记》中格里高尔认真工作，养活家人，对家人的真情是真挚和发自肺腑的，然而当他变成甲虫，不能维持家计时，不但失去曾经的地位与尊严，连活下去的权利和机会也一并失去，最终被家人无情抛弃。格里高尔死后，他的家人如释重负，不仅没有悲痛，甚至决定郊游开始新的生活。可见，在机器生产和生存竞争激烈的资本主义社会，亲情被无情地异化为赤裸裸的功利主义。在《促织》中，成名的生活跌宕起伏，但全家人的感情却紧紧地联系在一起，随着事件的发展同喜同悲。成名在遇到困境时，妻子帮他出谋划策想办法，儿子在跳井后，成明夫妇陷入悲痛和自责中，而孩子的灵魂化为促织，也是积极主动帮助家庭缓解危机。人物之间的亲情是浓厚且真切的。

手法方面：

相同之处：(1)形式上用了荒诞和现实相结合的手法。“变形”是荒诞的，但变形前后的社会生活是真实的。把幻境与人世融为一体，以假求真，形式上进入虚构的幻境，实质上将矛头始终指向真实的现实，加深了读者对主题的理解，也加深了作品的批判性。(2)两篇小说对人物的心理刻画非常细腻。格里高尔在变成甲虫后依然保持着人的心理状态，他变形后的丰富的心理活动内容构成了《变形记》的内在主线；《促织》中成名的心理描写也很细腻，真实地再现了在官府的逼迫下普通百姓的心里挣扎，一方面苦无生路，另一方面求生的本能使其进行最后的挣扎，同时成名妻子、孩子的情绪变化也都与促织有着紧密的关系，这些细致入微、曲折变化的心理描写有力地表现了人命不如虫命的黑暗的社会现实。两篇小说都通过心理描写给人以真实感。

不同之处：(1)主动性和被动性有差异。《变形记》里的格里高尔的异化，是在毫无预兆、没有丝毫心理准备的情况下被动变形的，是人在不可预知的灾难命运下，难以逃避被动接受的典型。沉重的肉体和精神上的压迫，使格里高尔失去自己的本质，异化为非人。《促织》中成名的儿子看到了在官府逼压下的父母在经济上、精神上受到的摧残，明白自己弄死促织后果的严重，因此吓得跳井。他跳井后知道父母的绝望，于是魂魄化为促织，以完成父亲的任务，他无疑是借助异化这一方式为家庭迎来转机，所以有主动的成分。

(2)小说的叙事方式不同。《变形记》采取双重视角，即格里高尔的视角和第三人称的全知叙事者两个视角，在讲述主要情节时采用全知的第三人称视角，从而拉开与读者的距离，客观、冷静、不动声色地叙述。同时，又穿插运用格里高尔的视角，通过他去观察环境和他人，去表现他本人的心理体验。后一视角聚焦于人物内心复杂的心理活动，让读者得以深入体会人物的内心世界，并通过这种有限的视角获得真切的阅读感受。两种视角并存，时而错落，时而叠合，贯穿整个事件的叙述。《促织》采用单一叙事视角，即全知全能的第三人称叙事视角，是通过人物语言和行动揣摩人物内心。

环节二：深入研讨

请学生结合前面的分析进行深入探讨：不同的历史时代、文化背景、社会制度等因素下，人物性格形成有不同的原因，我们可以透过两种不同的变形，看到怎样的人性和文化审美？

【思路点拨】

成子化蟋蟀，显然是不可能的。作者写此虚幻的事，是借成子以自身性命化为小虫让皇帝玩赏，来鞭笞皇帝视民命如小虫。为一头促织，使百姓倾家荡产的罪魁祸首是以皇帝为首的封建统治者。由于最高统治者的荒淫无耻，贪官对上的阿谀奉承，“科敛丁口”，老百姓就只能落入“贴妇卖儿”倾家荡产的悲剧命运。“喜剧”的结局实际上嘲讽了一出丑剧，成名“裘马扬扬”连“抚臣、令尹，并受促织恩荫”，这岂不荒唐可笑！这样的结局不但没有削弱本文的批判力量，反而从更高的层面强化了批判力量。

格里高尔的变形是对现实压迫的反抗。长期以来，格里高尔在生活的重压和个人理想不能得以实现的矛盾中，艰难度日。最后在现实生活中难以实现的愿望以身体变形的形式得以实现。一方面，变形是对异化劳动的摆脱，变形是格里高尔逃避工作的最佳理由；另一方面，变形是实现人性复归的第一步，变形以前，异化劳动使格里高尔丧失了人的本质，沦为非人，家人把他看作挣钱养家的工具，老板视他为不能生病的工作机器。以“人”的形式出现的格里高尔，是不具有人的本质的“非人”。实际上，变形是人物逃避和反抗异化的一种下意识的行为。小说揭示了人性的真相，批判了人性中的自私和趋利避害。

异化的实质就是人同自身的疏离，人无时无刻不处在异化当中，但是在现实生活中，这种异化本身也无法清楚地显示出来，因为作为参照系的环境无时不随异化主体而变化。人异化为虫子是人的悲剧，在这种荒诞的艺术形式下，隐藏着内在的合理因素，这恰恰是人在不合理的社会重压下没有出路，而冲破现实的阻碍，既是对社会现实的反叛和抗议，也是对美好理想的呼唤。我国传统文学中就有“庄周梦蝶”的寓言、民间传说中的《梁山伯与祝英台》、诗歌《孔雀东南飞》等，抒发摆脱躯壳束缚的性灵。当然中国传统文学作品与现代西方文学作品表达“异化”主题的含义还有所不同，《促织》中的“魂化为虫”是对中国古代“离魂”故事的进一步发展，成名之子为救其父而离魂化为蟋蟀。这种构思表现了作者或受众的善良愿望，即中国传统美德中“好人有好报”的愿望，是民族审美心理在文学创作中的反映。

正是在这种民族文化审美的需求下，作品中会弘扬善良、宽厚、正直、忍让、坚毅、孝顺。对这样的人，我们都期待他有美好的结局。正是带有这种美好愿望的心理需求，文学作品才会在情节发展的关键时刻陡然出现逆转，借助神的力量帮助人物实现难以实现的愿望，使本来悲剧的故事发展趋势向“大团圆”的结局发展，从而收到出人意料的审美效果。

相比之下，格里高尔不堪生活重压而异化变形，更多的是对人的价值、人的尊严的认可，是资产阶级民主革命后“自由”“平等”“博爱”理想的追求。但无论东方还是西方，异化都是人在渴望冲破现实生活阻碍的迫切愿望下，以怪诞的方式打破人们的常规思维，从而表达内心情感和愿望。在表现人生苦难时，《变形记》直面现实，用悲剧写法，《促织》以喜写悲，悲剧是把美好的事物毁灭给人看。格里高尔在激烈的生存竞争压力下，成了一个不能掌握自己命运的弱者，一个丧失自我的悲剧人物，惨遭被毁灭的厄运。《变形记》极冷峻地叙写了格里高尔的难以忍受的“非人的生活”，从哲学层面表现了人的全面异化的悲剧，非常直观地把人生悲剧尽显在读者面前，不禁令人心惊魄动，悲从心生。《促织》是以喜剧结局，不仅成名，且逐级官员“受促织恩荫”“一人飞升，仙及鸡犬”，都是以牺牲人的生命、丧失人的价值、否定人的尊严为代价的。社会逼迫人做自我否定，是何等之丑恶，蒲松龄就是以喜剧的手法，把丑恶的东西放大了给人看，让我们看后哭笑不得，痛心不已。

在社会生活的重压之下，人不能承受生命之重，便会无所适从，失去自我，进而变异为虫形，这看起来是痴人说梦，“满纸荒唐言”，但这又是多么符合社会生活逻辑的真实。其实，在物质文明发达的当今，社会的每一天，社会的每一个臣民又何尝不再上演着异化的悲剧呢？亲情不再是维系人情关系的主要基础。家人尚且如此，社会更不必说，可见人的生存环境已是何等的恶化，可以说是人情荒漠化了。

环节三：总结两篇小说使用了哪些手法表现主题

思路点拨：运用了反讽、对比、荒诞的艺术手法。《促织》中以成名付出代价之重，解决矛盾办法的举重若轻和喜剧结局进行讽刺；《变形记》中的语言情境反讽，“解救性的猛力一推”、母亲的尖叫逃避晕厥、父亲的哭泣等，形成了尖锐的反讽。对比手法表现为《促织》成名之子变形前后家庭境况的巨大反差，诸多官吏对成名进行追责和给予他奖赏之丰厚形成鲜明对比。格里高尔变形前后家人态度的转变，格里高尔对亲人的爱不变和家人的变化形成对比；荒诞手法的使用，《促织》是真实—荒诞—真实，《变形记》是荒诞—真实—荒诞，于荒诞中写真实，反映了时代悲剧，加强了批判效果。

环节四：课后作业（思考整合）

学生将本课中形成的观点写成论文。要求：有自己独到的见解和观点，关注不同文化背景下不同的审美和意蕴。

（三）第三课时　延伸扩展改"变形"

导入新课：

两篇"异化"主题的小说作品似乎都在向我们展示了生命不能承受之重的社会现实。我们知道，古今中外道理相通，人生永远是在解读外部世界与关照自我内心之间找到平衡点，让我们深入理解文本，感受生活，体悟生命的真谛。

环节一：交流感悟

以小组为单位，交流上节课的小论文，推荐两篇做班级集中展示，从而深入理解文本。教师和同学对作品进行点评。

环节二：观照现实，深化理解

当下流行语中出现"社畜"一词，它源于日语中的"公司"和"牲畜"两词，合起来的意思是"公司的牲畜"，指那些为公司而放弃自我生活的劳动者，多用于日本员工的自嘲。明代思想家李卓吾说"失却真心，便失却真人。"与《促织》和《变形记》的人物形成对照，如何理解新时代的"社畜"？在当下的生活中我们如何做一个"真人"？

（学生以小组辩论交流的形式研讨，深化认识，形成小论文，要有自己的观点和主张，观照自身，观照他人，观照现实。）

环节三：改写训练

在《促织》中，成名的儿子变成善斗的蟋蟀，成名自己更是变成了虫子的附属物，因虫而奔走悲喜，因虫而贫贱富贵。在《变形记》中，格里高尔的外形变成了甲虫，成了被家里人嫌弃的废物。在不同文化传统背景下，"变形"带有不同的民族色彩，试着给两篇小说改变一种结局，以《促织后记》或《新变形记》为题改写小说。

【设计说明】这一环节是在前面探究学习的基础上，对本课所学重点知识的延伸，开阔学生的思维，培养学生关照自我、关照他人、关照社会的易逝，提高其思辨能力，同时训练和提升他们的逻辑思维里和语言表达能力。

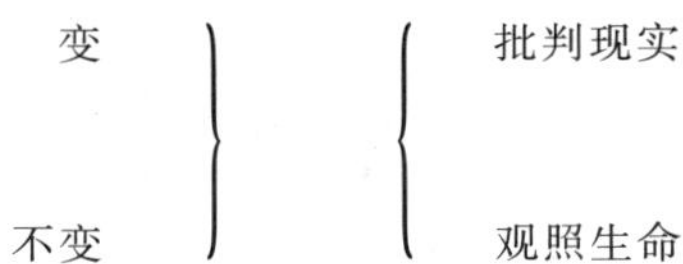

参考文献

[1]温儒敏.统编高中语文教科书教学设计与指导[M].上海：华东师范大学出版社，2020.

[2]顾之川.名师语文课[M].济南：山东教育出版社，2019.

必修下册第八单元第十五课（设计一）

《谏太宗十思疏》《答司马谏议书》教学设计

天津市河东区天铁第二中学　梅丽丽

一、单元任务解读

统编高中语文必修下册第八单元整体编排围绕"责任与担当"这一人文主题，立足当下社会现实，放眼未来个人与时代发展，培养学生的社会主人翁意识，激发学生的爱国情怀，树立学生的责任意识和担当意识。从"思辨性阅读与表达"学习任务群的角度来说，聚焦"思维发展与提升"这一语文核心素养目标，目的在于培养学生的逻辑思维能力与批判性思维能力，通过观察、假设、推理、判断，引导学生学习思辨性的阅读和表达技巧，引导学生由表象推究本质，提高理性思维水平。

必修下册第八单元共两课，都是一课多篇的编排形式。其中《谏太宗十思疏》与《答司马谏议书》同在一课，都在谈国家治理，旨在弘扬中华民族世代传承的家国天下、勇于担当的精神。封建社会的君臣关系是最重要的关系，因而在古代的政治观念中，最注重君道和臣道。《谏太宗十思疏》讲的是君道，是诤臣对贤君的劝谏。《答司马谏议书》论的是臣道，是名臣之间的辩难交锋。封建社会的森严的等级观念也可从文章编排顺序中窥见一斑。通过本课的学习，理解古代良臣贤士讲责任、敢担当、心怀天下、坚守道义的精神，形成正确价值观，增强为中华民族复兴而读书的使命意识。

《阿房宫赋》《六国论》编在一课，都在探讨国家兴亡问题，都针对了当时的社会现实，对统治者进行讽谏。《阿房宫赋》分析秦国兴亡的原因——不爱其民，同时指出是步了六国的后尘。《六国论》则从贿赂秦国而损伤国力的角度逐一分析六国在“赂”上所受影响。这样的组文顺序编排是由个别到一般。秦国的“兴”是人心所向，秦国的“亡”则是反例，自身的前后对比更有说服力。

单元总体学习任务：

(1)查阅资料，初步理解论述类文章的现实针对性；疏通文义，把握作者的主要观点和论述思路，体会不同的说理技巧和表达风格，感受文章的逻辑思辨力量。

(2)反复诵读，深化理解作品的思想内涵，领会古代士人的家国情怀和责任担当意识，把握他们解决现实问题的理性思维方式，学会在辩证分析与合理推论的基础上对作品做出理性判断，养成良好的批判性思维习惯。

(3)理性思考，审视作品的现代意义，并能够在表达交流时有理有据地进行论述，增强思维的逻辑性和深刻性。

二、学情分析

高一学生已经能够阅读浅显的文言文，结合书下注释对本单元文本内容的理解难度不大。他们的思维正逐渐从感性走向理性，开始逐渐摆脱对感性材料的依赖，运用理论来指导抽象思维活动，思维由此向纵深发展。学生已经有了独立思考的能力，喜欢对感兴趣的事物进行探究，能够与同学交流分享，在思想的碰撞中体验辩争的乐趣。他们也能够阅读理论性强的材料，并能结合现实阐述自己的观点，但理解的深度还达不到，这就需要老师对其探究学习给予指导和引导。

三、任务学习整体思路

必修(下)第 15 课所涉及的思辨性文本,既有呈给天子的奏疏,也有朋友间辩争的书信。在具体学习的时候,我们既要依托每一篇文章的文体来探究其观点、论证的逻辑结构、论证方法,还要跳出具体的文本,整体综合梳理“思辨性阅读”的特征和要点,以读促思,通过读来促进表达。这课的两篇文章,作者对历史和现实问题都有自己的思考,能提出独特的观点且有说服力,围绕治国理政、履职尽责、国家发展等方面理性地分析,也从这几个方面训练学生理性地表达。

四、学习任务与目标

(1)反复诵读,理解文章精髓,感受先贤的爱国情怀,学习他们恪守本分、坚持道义、心忧天下、勇于担当的精神,形成正确的人生观和审美价值观,树立为中华民族伟大复兴而读书的责任意识。

(2)梳理文本,把握作者的观点和态度;查阅资料,了解文章写作背景,探究文章的现实针对性。根据作者解决现实问题的理性思维方式,鉴赏文章的说理艺术。

(3)组内合作探究作者的观点的辩证性,准确把握论述过程,分析所用的论据,学会在辩证分析与合理推理的基础上做出理性判断。不同层面、不同角度多元解读作品,培养大胆质疑、缜密推断的批判性思维能力。

(4)学会选择合适的角度、合适的论据,以恰当的论证方式,清晰、严密、有针对性地阐述自己的观点,学会理性地表达。

课时设计:共 3 课时。第 1 课时,读,明其义,完成文言知识梳理;第 2 课时辨,知其理,理解观点的针对性;第 3 课时思,取其巧,学习文章论辩艺术。本设计为第 3 课时的教学内容。

五、整体教学设计

第三课时：思，取其巧——学习文章论辩艺术

1.激发兴趣，导入新课

不忘初心，勇于担责，这等先贤名士古而有之，如魏征，如王安石，他们心有家国天下，谋求富强发展，是我们今人学习的榜样。这节课，我们就来进一步学习体会他们是如何借助文字抒写自己的家国情怀的。

2.自主学习，归纳总结

跳读课文《谏太宗十思疏》，归纳作者是怎样论述观点的。厘清文章思路，画出文章结构思维导图。

明确：

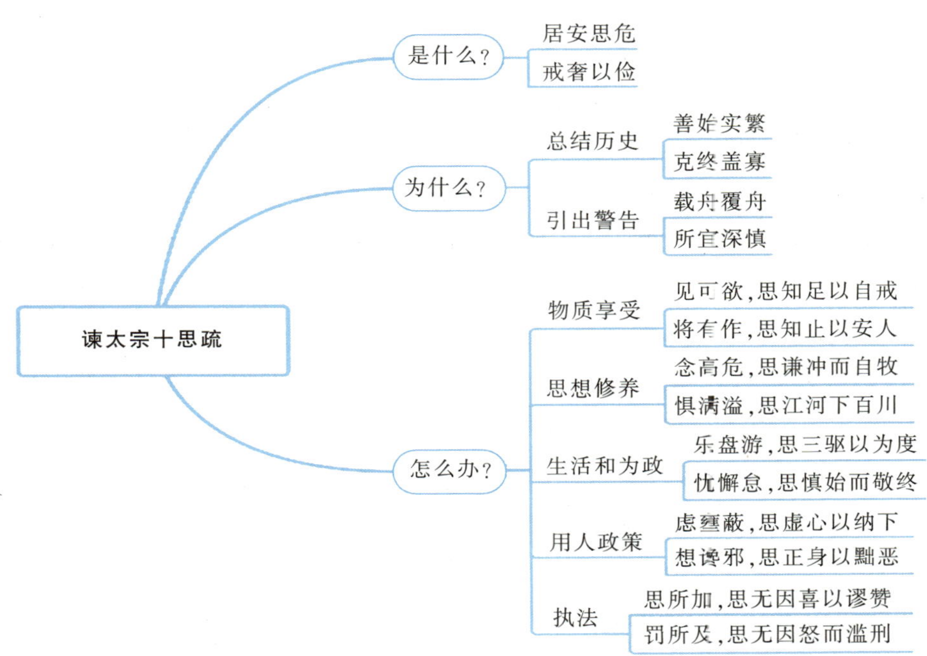

3.细读文本,师生助学

(1)教师领学《答司马谏议书》论证技巧。

1)分析本文是如何阐述自己观点的。

点拨:逐段分析观点的针对性。

明确:通篇运用驳论,先确立一个为大家公认的判定是非的标准,名实相符。接着将对方的种种罪名概括为侵官、生事、征利、拒谏、致怨五个要点,为后文批驳树立了明确的靶子。然后,对五个要点逐一批驳,着重揭示出这些指责是名不符实的谬论,从而势如破竹,直接痛快地切中对方的要害。

2)从论证方法、论证语言等方面归纳论辩技巧。

①《谏太宗十思疏》主要运用了什么论证方法来劝谏唐太宗?

明确:a.比喻论证。运用了大量生动的比喻,借以阐发治国安民的思想。比如开篇谈论治国要注重“积其德义”这一根本原则时从两个方面设喻,“木之长者,必固其根本”“流之远者,必浚其泉源”,用自然现象来比治国的原则,生动浅显。

b.正反对比论证,增强了说服力,集中在一、二自然段。如“求木之长者,必固其根本”,而从反面来说“根不固而求木之长”,“知其不可”。因此“根本”与“长”的关系自然而然被人们接受了。

②《谏太宗十思疏》语言骈散结合,错落有致,在文章中如何体现的?

明确:唐代的奏疏习惯上都用骈文。本文虽不在四六句式上加以雕琢,但大量运用铺陈、排比、对偶语句。写“十思”,运用排比贯穿到底。“十思”后的总结之语,又运用了对偶和排比。同时文中又用散文笔法,有机地穿插了一些散句。如“臣虽下愚,知其不可,而况于明哲乎?”“岂取之易而守之难乎?”等句,使行文摇曳生姿,别有一番情趣。

(2)小组合作探讨,从论证方法、论证语言等方面简单概括《答司马谏议书》的论辩技巧,并归纳两文在论证方式上有什么不同。

明确:

篇目	论证方法	论证语言
《答司马谏议书》	驳论	排比、反语,气势磅礴,柔中有刚
《谏太宗十思疏》	直接立论	比喻、正反对比,骈散结合、错落有致

4.情景设置,深度解读文本

自读《答司马谏议书》,根据王安石的反驳要点,推测司马光的书信内容,使文章中的观点与辩驳一一对应。结合文章内容,运用文章论辩技巧,以司马光的口吻,把你的推测以书信形式写下来,可以是文言,可以是白话。

点拨:司马光与王安石是政敌也是朋友。两个人政见不同,但互相欣赏。司马光反对王安石变法,给他写了封信《与王介甫书》,从五个方面——侵官、生事、争利、拒谏、致怨——针对刚开始推行的各项改革措施,向王安石提出反对意见。王安石根据司马光的五点责难写了《答司马谏议书》作为回复。此题的设计,主要是为了让学生能针对社会背景解读文本。

参考范文:

翰林台鉴:听闻翰林政事繁忙,欲之贵门,唯恐叨扰,遂得作罢。你我相知已久,徒有仰慕,与君秉烛夜谈,却不可得。今日简册,一吐为快。如有冒犯,唯盼介甫宽谅。

翰林位朝,声名显赫。一在才情,倚马可待;一出韬略,运筹帷幄。普天之下,争相驱往。奈何高墙,哀叹嗟伤。时下群儒争议,百家发端。大举新法,实为不妥。天下礼制,开国承平,祖宗之法,岂可轻变?

隋炀兵乱,人心涣散。驱云见日,高祖在堂。泽被世代,欣欣荣光。明仪知礼,官民合欢。商贾往来,盛世康泰。今欲革变,人心惶惶。介甫鼎之,毁誉参半。在民在官,微词迭传。昔日盛名,蒙污鲜见。

或曰翰林列于朝堂,非议法度,蒙蔽人主,唆立新仕,旧臣侧列,新者颜欢,是为侵官;祖制先训,湛湛青天,童叟妇孺,规行礼鉴,一朝摒除,是夕惑乱,是为生事。漕运陆路,通商已久,大宋经贸,得益于人。天下商利,与民抢夺,是为争利。庙堂大事,实合众力。拒纳雅言,远离贤士。闭目塞听,清流壅堵,是为拒谏。

凡此种种,皆致民怨。股肱之臣,滩头砥柱。巨浪熙熙,必惹祸殃。为民请命,首当其冲。惑民以乱,实属不然。防人之口,甚于防川。堤穴蚁溃,实为子憾。感喟于斯,望莫轻举。三思而后,天下为盼。

无由会晤,聊表拙见。诸多烦渎,惶愧奚如。

君实拜上

5.学以致用,布置作业

历史是一面镜子,它会从不同的角度来观照现实,批判现实的某些不足,以此来补救现实。当代青年学生将来要担当祖国建设大任,更应该家事、国事、天下事,事事关心。请结合本单元所学文章相关论点及辩驳说理的方式,就下面任一问题,谈谈自己的理解,写成一篇议论文。

(1)天津公安局原局长武长顺以贪污罪判处死刑,作为一名受党培养多年的领导干部,是什么使他走上了腐化堕落的道路?如果你是一名党员干部,你将从他身上汲取哪些教训?

(2)2020年6月印军非法越线、率先挑衅、暴力攻击中方前往交涉人员,蓄意制造了加勒万河谷冲突,造成双方人员伤亡,责任完全在印方。冲突发生后,印方多次渲染炒作有关伤亡事件,歪曲事实真相,误导国际舆论,污蔑中国边防部队官兵。而中方为维护两国两军关系大局,推动局势降温缓和,保持了高度克制,体现了中国作为负责任大国的气度担当。请你就此事件发表你的看法,谈谈在解决国际争端、维护世界和平方面,我国做了那些努力,并深入分析这样做的原因。

(3)2019年3月22日,德龙集团正式接收天铁、天钢等17家钢铁企业。天铁开始混改。两年来,天铁进行机构精简,人员素质得到大幅提升;发展生产,多项生产指标名列行业前茅;环境治理也成效显著,正向AAA级景区阔步前进。作为天铁子弟,我们热爱它,也时刻关注着它的发展,向父母了解天铁的历史和企业的现状,谈谈企业混改成功的原因是什么。你对企业发展有什么建议?

设计说明:本课作者对历史和现实问题都有自己的思考,能提出独特的观点且有说服力,围绕治国理政、履职尽责、个人修养、国家发展等方面理性地分析,本题从这几个方面训练学生鉴古通今,能借鉴课文的观点及论证方法,并借助课后查阅相关资料,全面、理性、客观地认识和理解现实问题,辩证地分析,理性地表达,培养学生“心系天下事”的阔大胸襟和家国情怀。

6.板书设计

疏:骈散结合,错落有致 ——→ 对比、比喻、铺排

书:气势磅礴,柔中带刚 ——→ 排比、反语

参考文献

[1]陈必祥.古代散文文体概论[M].郑州:河南人民出版社,1986.

必修下册第八单元第十五课（设计二）

《谏太宗十思疏》《答司马谏议书》教学设计

天津市滨海新区大港油田实验中学　杨二宁

一、单元任务解读

必修下册第一单元和第八单元均为纯文言文课文，整册书可谓纯粹文言起、文言收；在内容上，第一单元主要表现民族传统思想与智慧，第八单元则重在体现对天下治乱兴亡的思考；由此可见，第一单元多为民族文化之源，第八单元为民族文化之流。第二单元为戏剧单元，第三单元重在培养学生的科学素养，第四单元旨在提升学生的信息素养，第五单元目的在于加深学生对“抱负与使命”的认识，第六单元为风格多样的小说；第七单元是《红楼梦》整本书阅读。

第八单元的核心学习任务是“倾听理性的声音”，要求学生能够理解作者的观点及其现实针对性，养成批判性的思维习惯。本单元共两课，每课各两篇文言文，皆为文言政论文，均体现出一课多篇的编排特点。除了在文言文重要实虚词、典型活用与句式等学习目标上的共通之外；在内容方面，第15课的《谏太宗十思疏》和

《答司马谏议书》语言朴质，直指现实，侧重于“天下兴”的思考；第16课的《阿房宫赋》和《六国论》则用语藻饰，追索历史，重在对“天下亡”的反思。

第15课《谏太宗十思疏》和《答司马谏议书》的作者既有文学之才，更为名垂史册的政治家，正在体现了中国文人经世致用的优秀传统；相较于第16课的《阿房宫赋》和《六国论》的作者书生味十足，为朝廷之情与魏征和司马迁无不同，但是在现实的功用上则无法匹及。本教学设计就是围绕第15课《谏太宗十思疏》和《答司马谏议书》文学、思想和现实价值来展开的。

二、学情分析

这两篇文言文的字词语法知识难度较低，因此第一课时主要是学生结合课下注解和课后学习提示，进行自主学习。学生对于两篇文言文的语言知识和思想主题的把握，应该不会有太多的问题；但是由于知识视野的局限，学生对于两篇作品所涉及的相关的历史时代背景和历史人物肯定缺乏较为全面的认知。

这也正是第二课时一课多篇教学解决重难点问题的突破口，那就是在提升学生历史思维的基础上，分析与把握两篇作品的人文价值，思考与理解两篇作品的社会价值。

三、任务学习整体思路

教师除了引导学生掌握两篇作品的文言知识之外，更要把思想主题的分析作为学习的重点，但是学生对于相关的历史时代背景和历史人物缺乏较为全面的认知，由此可能造成对任务评价的片面性。因此为学生提供较为丰富的背景资料，引导学生了解人物在历史长河中的是非功过，对于培养学生的学科思维和全面分析问题的能力都是至关重要的。

针对学生对两篇文言文背景知识缺乏的主要问题，除了要求学生在课前能够进行较为充分的背景资料学习，教师也要为学生的预习提供富有价值的资料资

源，如《魏征与李世民的故事》《王安石传》等，唯有如此，才能让学生对作品的内容有更为全面和理性的认识。

教师要准备好两篇文言文的配乐朗诵资源和两篇文言文中相关历史人物的三个视频短片，为提升学生的对传统文化的感悟能力与提升对历史人物全面理性的认识能力，进行情境的创设和思维的引领。

四、学习任务与目标

(1)积累并掌握两篇文言文中的重难点实词、虚词、词语活用、特殊句式相关的知识。

(2)结合注解和课后学习提示，梳理两篇文言文内容，了解两篇作品不同的写作背景与写作目的，落实好学习任务群的教学目标。

(3)对比分析两篇作品的思想主题及其当代启示，落实好人文主题方面的教学目标，并掌握与应用两篇作品写作手法。

(4)重点是掌握两篇作品中重难点实词和虚词的用法；分析与理解两篇作品的思想主题及其当代启示。

五、整体教学设计

1.自主学习目标回顾

学生结合注解和练习册详解，梳理两篇文言文内容。

积累两篇文言文中的重难点实词；

积累两篇文言文中与词语活用相关的知识；

分析两篇文言文种与七类特殊句式相关的知识；

分析两篇文言文种与 18 个虚词用法相关的知识；

结合学习提示，分析两篇作品不同的写作背景与写作目的。

2.自主学习能力检测

知识要点	《谏太宗十思疏》魏征	《答司马谏议书》王安石
(一)重点实词	1.当:人君当神器之重(动词,掌握,主持) 2.景:承天景命(大) 3.敬:则思慎始而敬终(慎) 4.简:简能而任之(选拔) 5.振:之以威怒(通"震",威吓) 6.固:臣闻求木之长者,必固其根本(使动用法,使……稳固) 7.下:则思江海下百川(名作动,居……之下) 8.宏:宏兹九德(使动,使……光大)	1.故略上报 上报:写回信。 2.于反复不宜卤莽 反复:书信往来 3.不任区区向往之至 区区:谦辞,自称。
(二)重点虚词	以: 盖在殷忧,必竭诚以待下(连词,表目的,来) 虽董之以严刑(介词,用) 将有作,则思知止以安人(连词,表目的,来) 则思无以怒而滥刑(介词,因为) 而: 源不深而望流之远(连词,表示转折) 则思谦冲而自牧(连词,表示递进) 垂拱而治(连词,表示修饰)	①终必不蒙见察。(被) ②冀君实或见恕也(第一人称代词,我) ③今君实所以见教者 所以:古义:用来……的。 ④故今具道所以 所以:……的原因。 以: ①以致天下怨谤也(连词,"因而") ②以授之于有司(连词,表目的,"来,以便") ③士大夫多以不恤国事,同俗自媚于众为善(介词,把;动词,当作) ④如君实责我以在位久(介词,表原因,因为) ⑤窃以为与君实游处相好之日(动词,认为) ⑥以膏泽斯民(介词,把;动词,当作) 为: ①不为侵官(判断动词,是) ②为天下理财(介词,替,给) ③未能助上大有为(名词,作为)

续表

知识要点	《谏太宗十思疏》魏征	《答司马谏议书》王安石
(三)特殊句式	1.判断句 斯亦伐根以求木茂,塞源而欲流长也 2.状语后置句 虽董之以严刑,振之以威怒	1.判断句 所操之术多异故也。 为天下理财,不为征利。 胥怨者民也。 2.状语后置句 (1)议法度而修之于朝廷。 (2)受命于人主。 3.宾语前置句 则众何为而不汹汹然 4.定语后置句 至于怨诽之多(“多”作定语后置)
(四)重点语句	1.善始者实繁,克终者盖寡。 开始做得好的实在太多,能够保持到底的大概很少。 2.怨不在大,可畏惟人;载舟覆舟,所宜深慎。 怨恨不在大小,可怕的只是老百姓;(他们像水一样)能够负载船只,也能颠覆船只,这是应当深切戒慎的。 3.念高危,则思谦冲而自牧。 想到(自己的君位)高而险,就要不忘谦虚,加强自身的道德修养。	1.至于怨诽之多,则固前知其如此也。 至于(社会上对我的)那么多怨恨和诽谤,我本来早就知道它会这样的。 2.无由会晤,不任区区向往之至。 没有机会(与您)见面,我内心不胜仰慕到极点。 3.故今具道所以,冀君实或见恕也。 所以现在详细地说出我这样做的理由,希望您或许能够宽恕我。

《谏太宗十思疏》表现了魏征<u>敢谏善谏</u>的精神;

《答司马谏议书》展示了王安石<u>坚定变法</u>的精神。

教师小结。《答司马谏议书》王安石中对司马光加给自己的“侵官、生事、征利、拒谏、怨谤”罪名作了反驳,批评士大夫因循守旧,表明坚持变法的决心。语言犀利,针锋相对,为驳论名篇。

《谏太宗十思疏》写于贞观十一年(637),两年后魏征还写了《十渐不克终疏》,

揭露了李世民搜求珍玩、纵欲以劳役百姓、昵小人、疏君子、崇尚奢靡、频事游猎、无事兴兵、使百姓疲于徭役等不克终十渐,批评了李世民骄满自满,告诫他要慎终如始。李世民欣然接纳,并说:“朕今闻过矣,愿改之,以终善道。有违此言,当何施颜面与公相见哉!方以所上疏,列为屏障,庶朝夕见之,兼录付史官,使万世知君臣之义。”并重赏了魏征,由此可见李世民之襟怀和魏征之情操。

3.旧知新用,文言文核心素养培育

目的:两篇课文文言知识的巩固与运用。

内容:与本课重难点实词与句式密切相关。

(1)豫田,克卜休咎;兹司简贤,倨物以位。

(打猎前,能够占卜吉凶;现在掌管选拔贤能,却凭借名声对众人傲慢。)

(2)介甫曰:“特冀若属胥见是。”其欲膏民,则每见让,胜言所以祓革弊而闻上。

(王安石说:“只是希望你们全都支持我。”他想让百姓获利的,却常常被责备,说尽用来消除弊端的措施来报告给皇帝。)

(3)上遇厚之,报可,吏胥大率多之。

(皇帝优厚地对待他,回复许可,官员们大都赞美他。)

学生活动:学生结合课下注解与上节课老师的知识总结,自主解决问题。

4.比较阅读,两篇作品思想主题的对比分析

(1)讨论:《谏太宗十思疏》的主旨历来有两个说法:“居安思危,戒奢以俭”“思国之安者,必积其德义”。你认为哪个说法更合理?《答司马谏议书》最能体现王安石变法精神的是哪句话?

思路:围绕《谏太宗十思疏》的结构、内容来分析;《答司马谏议书》运用典故含蓄表达。

要点,包括三个方面。

1)《谏太宗十思疏》首段正反论证,反复讲到“德不厚而思国之理”“德不处其厚”;第二段指出“功成而德衰”,第三段在提出十思后讲道“弘兹九德”,由此可看到“德”贯穿全文始终,因此“思国之安者,必积其德义”更为合理。

2)《谏太宗十思疏》首段“居安思危,戒奢以俭”的“思”照应标题,并有问句“而况于明哲乎?”;第二段虽没有与“思”直接相关的语句,三个问句“岂其取之易而守之

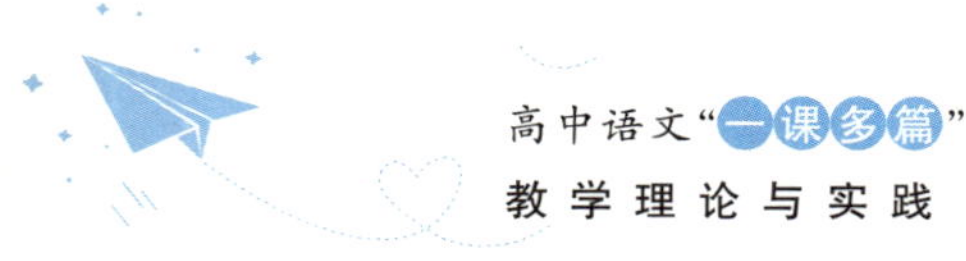

难乎？”“昔取之而有余，今守之而不足，何也？”“载舟覆舟，所宜深慎。奔车朽索，其可忽乎？”都是在引发唐太宗的反思；第三段的铺排出的“十思”，则直接与标题相关，也都是对地位稳固的唐太宗的告诫，因此从全文来看，再加之联系魏征的写作本文的目的，“居安思危，戒奢以俭”为主旨句也是合理的。

3)《答司马谏议书》中王安石在开篇指出其与司马光矛盾的原因在于“所操之术多异故也”；第二段从“名与实”都不符的角度，反驳了司马光对自己“侵官、生事、征利、拒谏”的指责；第三段表达了对变法的目的在于顺应“上乃欲变此”——士大夫因循守旧的风气，与欲“膏泽斯民”——惠及百姓。王安石写作此文的目的在于表达自己变法的坚定决心，因此通过对内容的分析，可知最能体现这种精神的语句就是“是而不见可悔故也”，认为自己的变法利国利民，即使面对反对与职责也不会后悔。

(2)讨论：王安石、司马光、魏征的政治主张，有哪些不同之处？你更认可哪些主张，说说理由？

（方法：为学生提供三个关于魏征、王安石和司马光、司马光改革的微视频，拓展学生的视野，丰富学生的思考。）

思路：从《答司马谏议书》“议事每不合，所操之术，多异故也”引出问题，围绕《答司马谏议书》《谏太宗十思疏》的内容、时代背景来分析。

要点：魏征认为国家强盛的根本在于要有从谏如流的圣主贤君和敢谏善谏的能臣；王安石认为国富民强需要大力发展农业、工商业等，需要为最广大的老百姓施惠谋利；司马光则认为当国家财政困难时，就需要用道德来治理天下，官员清廉，百姓要节俭。无论学生肯定哪个与哪些，只要合理有根据，就要给予肯定。

教师小结：为国担当，强国有方，爱国奋进。

5.课后作业

阅读下面的材料，根据要求写作。

北宋的司马光、王安石和苏轼，既是重要的政治人物，也是成就极高的学者或诗人。

司马光与王安石政见分歧很大。宋神宗重用主张变法的王安石，反对变法的司马光失去宰相位置。后来王安石变法受挫，王安石被免职，司马光重新为相。

但他们对对方的评价却让我们看到了更多的东西。王安石说，他和司马光之间“议事每不合”“所操之术多异故也”;司马光说,“介甫文章节义,过人处甚多”“光与介甫,趣向虽殊,大归则同”。

苏轼也是王安石变法的激烈反对者,这极大影响了苏轼的政治命运。而在“乌台诗案”时,王安石上书说:“安有圣世而杀才士乎?”被贬黄州四年后,苏轼路过江宁拜访早已退居的王安石。二人相聚甚欢,同游数日,共览江山胜迹,尽论文章学术。

班上计划举行班会,围绕上述材料展开讨论。读了上述材料,你感触最深的是什么?请结合你的感受和思考写篇发言稿。

要求:结合材料,联系生活,自选立场,确定立意,自拟题目;不要套作,不得抄袭;不得泄露个人信息,不少于800字。

6.板书设计

《谏太宗十思疏》	《答司马谏议书》
开宗明义:“德”	揭示原因:术不合
分析后果:“亡”	批驳名实:无名实
措施成效:“治”	变法不渝:大有为

选择性必修上册第二单元第一课

《论语十二章》《五石之瓠》教学设计

天津大学附属中学　林峥

一、单元任务解读

统编高中语文选择性必修上册第二单元，承载的课程内容是“阅读与写作”，从属于“中华传统文化经典研习”和“思辨性阅读”两大任务群。单元人文主题为“加深对中华传统文化的认识，领略先秦诸子的思想魅力，继承和弘扬中华优秀传统文化，提升对中华文化的认同感、自豪感，增强文化自信”。所选篇目寄寓了中国传统文化之根的理解，通过文章的学习，领会先秦诸子对社会人生的洞察，思考其思想学说对立德树人、修身养性的现实意义；感受先秦诸子或雍容或犀利或雄奇或朴拙的论说风格，理解各家论说的方法，领悟其妙处。

本单元共三课，涉及6篇文章，第四课选编了《论语》十二章、《礼记》中的《大学之道》和《孟子》中的《人皆有不忍人之心》；第五课选编了《老子》四章和《庄子》中的《五石之瓠》；第六课选编了《墨子》的《兼爱》。三课分别体现了儒家、道家和墨家对时代的洞察，对社会人生的思考，在先秦诸子中有一定的代表性。

单元总体学习任务：

(1)落实传统文化的学习，了解和理解孔孟、老庄和墨子的思想，理解六个文本的基本内涵，理解中华文明的价值和意义。

(2)落实文言文的学习，做到大致读懂，理解重点语句的含义，掌握一些常见的、经典的文言语法现象。

(3)在初步理解孔孟、老庄和墨子的基本思想的基础上，联系现实生活，能解释某些生活现象，思考自己人生，涵养和锻造人格，磨砺自己的心性。

(4)落实思辨性阅读和表达，完成一篇或几篇思辨性议论文的写作，并学会议论文的审题立意，辩证思考，科学分析问题，学会理性对待生活。

四大任务包括课文理解、语句分析、思辨性阅读及诸子百家文化的理解与融合，明确指向审美鉴赏与创造、文化传承与理解、语言建构与运用等核心素养。

单元三课所承载的内容与任务也各不相同。第四课中的《论语十二章》围绕君子、仁、礼、道、诗等核心概念，讨论了君子人格和修身养性的问题；《大学之道》则介绍“三纲”“八目”儒家立身行事的总纲领；《人皆有不忍人之心》表达了孟子“人性本善”的思想。第五课主要介绍以老庄为代表的道家主张顺应自然，认为人生应该安时处顺，清静无为，通过摆脱社会性而保全生命，获得精神自由。第六课则介绍墨家的“兼爱”思想，主张爱不差别、无等级。

二、学情分析

高二的学生在高一期间就学习过诸子百家的散文，例如《论语》中的《侍坐》和《庖丁解牛》，初中七八年级也都选有先秦诸子的小短文，故事性强，道理通俗易懂。这些文章都是传统篇目，又是必修任务，因此在学习过程中要善于从这些篇目的学习中，借鉴文言学习经验，迁移经典学习经验，来帮助本单元的学习。

其次，高二年级的学生正处在人生观、价值观和时间观建立的重要时间节点，从文化自信的角度应该让学生在学习过程中不仅仅满足于基本文言知识的熟知熟记，更应该从文化层面对学生进行指引，着重了解各类文化的特点及其发展历程，同时更应该从根源角度分析不同文化之间存在的想通性，在现有的文化层面解读诸子百家文化相通性的重要作用。

总体来说,学生有学习诸子百家文学经典的经验,学习目的明确,自我控制能力较强,都能按要求学习,能基本完成老师布置的学习任务,有借助网络资源查询资料、汇总资料的能力,表现欲、展示欲强烈。但对于利用人生体验进行专业性知识的探索、对作品思想感情及文化支撑的深入把握缺少实践性与主动性,写作能力还有待加强。

三、任务学习整体思路

本着合情合理、科学规划的原则,在本课的学习过程中既要做到重点突出,落实基本学习任务,又要照顾到方方面面的学习,不挂一漏万,也不偏废某一方面;同时,在新教材的"任务群"阅读理念的指导下,分析各篇课文的难度,将教学内容调整为第一课:《论语十二章》和《五石之瓠》。做这样的调整主要是考虑以下几个方面。

(1)摒弃传统的单篇学习。传统的单篇学习教学时间不允许,同时也不符合高二学生独立学习文言经典的要求。比较妥当的方法就是适当讲解,举例说明,引导自主学习,加强读写训练。

(2)从两篇文章的难度上来讲,理解层面的难度较低,学生根据课下注释和网络查阅都能够做到应知应会。可以引导学生把它当作文言文来学习,做到基本读懂句意、文意,但不纠缠于句意、文意和个别重点词句,鼓励学生通过知识卡片的形式梳理整合,在此基础上追问文章的思想意义和价值。

(3)儒道两家的思想看似有着极大的分歧,但其实追根溯源,都是产生于中国文化这片沃土,引导学生从"儒道互通、儒道互补"这个角度进行探究,从奠定国人文化信仰形态的角度去粗取精,批判性地继承合理内核,从而使儒道互补的思想与学生的文化信仰充分互动和协调。

按照认知顺序,推动从自主阅读到赏鉴诵读,再到启迪人生各抒其志、尝试评价的发展进程。充分利用活动任务,以实践性、情境化的课堂引导学生深入学习,提升学习能力,增强文化体验。

在本单元的学习过程中,把握以下几个步骤。

(1)激发兴趣,明确学生的学习主体地位。

(2)诵读为先,鼓励学生的个性化解读。

(3)展开想象,凸显学生的自主思考能力。

(4)鉴赏为主,提升学生的文学文化素养。

(5)学写结合,提高学生的作文水平。

(6)做好延伸,明确古今文化的互通之处。

四、第一课学习任务与目标

(1)通过本课的学习,深入了解儒道两家文化产生的时代背景,理解其思想价值和人文内涵,自觉传承中华民族的文化传统,落实立德树人的根本目标。

(2)读懂两篇经典文本的基本内涵,把握儒家、道家的思想特点,了解两家的言说方式,结合现实生活,学习古人智慧,培养理性思辨精神。

(3)在熟读成诵的基础上,利用工具书查阅资料,适当扩大阅读面,培养文言语感,探索文言文学习规律,提高语文读写水平。

(4)认识中华民族先秦原典的文化价值,从中汲取营养,涵泳心灵,养育人格,同时将其转化成为人为事的准则。

课时设计:一课时

五、整体教学设计

1.环节一:激发学生的学习兴趣

在新高考制度下,明确学生学习的主体地位,是高中语文新课改的重要理念之一。先秦诸子散文的学习也必须贯彻这一原则,只有让学生参与课堂、主宰课堂,充分发挥他们的主动作用,他们才有真正持久的学习兴趣。教学中教师尽量有意识地让学生课前带着问题去探究，课堂上给学生讲台以发表见解，课后让学生写随笔以记录感想。这样，每个学生都能用自己不同的心灵去体悟，用各自的思维去思考，用个性的观点去解读，用自己的语言去表述。学生都能积极参与到课程建设中来，主体地位得到有效保障，他们对学习也就乐此不疲了。

因此在学习过程中，如何激发学生的学习兴趣是我在备课过程中着力思考的。对于本单元的教授，在激发兴趣的环节上我是这样处理的。对于故事性较强的文章，采用设置悬念的手法来进行导入。比如《五石之瓠》，在预习结束之后，提出问题：惠子为什么要给庄子这个讲这个故事？同时引用文化经典研读里《老子五章》里“小国寡民”一章和庄子《胠箧》中的主要思想来让学生迅速了解道家“无为而治”的思想。

在学习《论语》时，利用抖音，推荐学生观看《孔子》这部电影的电影解说，短短三分钟，在激发学生学习兴趣的同时能够让学生迅速地了解儒家思想。

2.环节二：想象和诵读环节

《论语十二章》的学习应该将想象延伸作为训练讲解的重点，当然，必要的文言知识解读是我们教学过程中不可或缺的一环。在文言知识解读完成之后，应该鼓励学生通过诵读，加之自我的联想，对文本进行个性化而又符合大纲要求的解读。例如在讲到“君子喻于义，小人喻于利”这句时，有学生就提到了“君子坦荡荡，小人长戚戚”一句，对于“长戚戚”这三个字的理解，我带着学生一起查了《说文解字》。

戚，本意是古代的一种“武器”，像大斧子。《说文解字》说，戚，戉也。戚戚，第一个“戚”应该是动词，第二个“戚”是名词。戚戚，应该是手持武器，指向对方，紧张防卫甚至准备打架的意思。因为小人心虚，害怕被指责，所以“戚戚”的延伸意有忐忑、害怕、忧愁、忧虑、不开心的意思。

再比如在讲解“己所不欲勿施于人”这句时，有的学生问：既然有了“自己不想做的事了”，有没有自己想做的事呢？这也正好是当下现代人在这句之后加的一句“己所欲者，慎施于人”。

这些解读，并没有超出大纲的要求，学生通过联想，加上自助查阅和自我个性化解读，实际上获得了更多理解文章的途径和方式。

另外，在文本的解读过程中，我们不能仅仅满足于教参或者课下注释给我们的一些东西，应该进一步地进行扩充，尽可能地在我们教学允许的范围内进行多的解读。

比如，在讲到“颜渊问仁”这一节时，我对“克己复礼”这四个字进行了详细的解读。从文本内容上来说，“非礼勿视，非礼勿听，非礼勿言，非礼勿动”是对“克己复礼”的解读，但是为了让学生更好地理解，我对其进行了扩充解读。

“克己复礼”指克制自己，使言行都回复到周礼。“克己复礼”包括了两个方面：“克己”是个人修养的功夫，“复礼”是这种修养的标准和要达到的目标。孔子希望通过人们的道德修养使人们自觉遵守礼的规定。

关于“仁”“礼”关系，孔子说“人而不仁如礼何”是说明“仁”是“礼”的基础。这里说“克己复礼为仁”则是说明“礼”又规定了“仁”，依“礼”而行就是“仁”的根本要求。所以，“礼”要以“仁”为基础，靠“仁”来维护，离开“仁”，“礼”就徒具形式，“仁”也正是为了维护“礼”；“仁”的具体内容是由“礼”的要求来规定的，离开“礼”，“仁”就无所依托。“仁”是内在的，“礼”是外在的。一内一外，互为表里，紧密结合不可分割。

3.环节三：鉴赏和学写两个步骤的结合

实际上鉴赏的能力训练是和学写这个层面相结合的。鉴赏是建立在对文本内容了解把握的基础上的进一步能力提升，属于语文核心素养中的“审美鉴赏与创造“这一层次，因此，它对学生的要求也就更高。不仅要对本段内容进行深层次的解读，同时能够跳出文本内容对与之相关的语段进行鉴赏分析，而这个鉴赏分析的成果最终就落在了写作这一块。

例如，在理解的本文的基础之上对《论语》其他语段进行写作训练。

子曰：“知者乐水，仁者乐山。”

同时，在学习完论语之后进行了一次议论文写作训练。此次作文训练因为考虑到高二刚刚开始，同时又经历了疫情，原本可以在上半年推进的议论文的写作训练也开展得不是很充分，因此我们这次的作文训练变成了范文赏析和仿写。

通过对材料的分析和范文的赏析，根据所给范文，仿照范文的格式，谈谈对“知者不惑，仁者不忧，勇者不惧”这句话的理解。

个人认为，目前的学生存在着一个共性问题就是阅读量不够，阅读习惯不好。这个问题直接影响了高考中的文本阅读和写作。因此，在此次训练中，我们更多的是希望借由孔子论语语段的理解,加上前期的作文写法的辅导,帮助学生尽快完成议论文的写作训练,进而促成学生养成良好的阅读和写作习惯。

4.环节四:学生能力的延伸

第一,向已学内容的延伸。

《论语》的学习,就首先是从《侍坐》这篇文章的回顾开始,了解儒家思想的"仁政"和"礼"的思想,从孔子对子路的"无礼"的论断到最后他所认同的大同世界来认识儒家思想。

《五石之瓠》的学习,则是将老庄二人的哲学思想综合起来,结合之前学过的《庖丁解牛》,来理解"以无厚入有间"这句话。庄子借如何处置"五石之瓠",说明"无用之用"才是"大用"的道家哲学。这与《庖丁解牛》"依乎天理""因其固然"的解牛之道相吻合。

第二,是向课外的延伸。这里,我以《五石之瓠》为例。惠子为什么要同庄子有这一番对话,身为名家的惠子为何认为"大"无用,其实是针对《逍遥游》当中"小大之辩"的论断对庄子进行攻击的。那这就是向课外的延伸,通过对逍遥游的简单解读,尤其是其中的"小年不及大年,小知不及大知"的解读,就能够理解庄子与惠子这段对话了。名家近儒,惠子的话充满了功利色彩。在他眼里,"五石之瓠"本身没有价值,它的价值需要借助外物发挥作用来体现,这与儒家齐家治国、建功立业、名垂青史的价值观极其相似。庄子的话既反击了惠子的问难,又批判了其狭隘的功利主义思想,当然也起到了对儒家的批评。

其次,向课外的延伸也有诸子思想文化对现有文化的影响。这一块内容是我个人在讲课过程当中渗透比较多的一点。虽然不想把我们的语文课变成政治课,但是我想在学生人生观价值观的树立过程中最为重要的高中时期能够给他们一些对于我们传统文化的认知和传统文化对现有文化的影响和互补,也是在对其进行文化自信的一个建立过程。

例如,在儒道结合方面我就用儒道思想分别解释学习境界,并寻找其共同点。

提到学习境界,我们能够直观想到的是王国维在《人间词话》中的提到的学习三境界,原文为:"古今之成大事业、大学问者,必经过三种之境界。'昨夜西风凋碧树,独上高楼,望尽天涯路',此第一境也;'衣带渐宽终不悔,为伊消得人憔悴',此第二境也;'众里寻他千百度,回头蓦见,那人正在灯火阑珊处',此第三境也。"而在《论语》中,其实也有对学习境界的解读,第一境为“看山是山,看水是水”,第二境为“看山不是山,看水不是水”,第三境为“看山就是山,看水就是水”。这三个境界就是在揭示着学习的宗旨,逐步探究到知识的本质,鼓励学生在学习过程中抓住知识的本质,进而提高自身成绩。而这种透过现象抓知识本质的方法与道家“大道至简”这一思想有着异曲同工之妙。

六、能力延伸设计提示

学生能力的延伸主要是通过儒道文化的互补对现有文化的影响进行推进的。要想明确儒道之间的互补点,就应该首先对已有知识进行梳理,先明确儒家和道家思想在经历了完善演变之后形成的体系。

(1)“知其不可为而为之”是儒家的核心精神之一,也是他对积极入世理念的践行,即甘愿寂寞,也要自担救世济民的重责。后世文人皆秉承这一原则。孔子是这一精神的创始人,无疑也是最好的践行者。知其不可而为之,这恰恰反映了儒家是一种积极进取、奋发有为的学说,它是入世的,是一种教人努力奋斗的价值观。儒家学说也是中国哲学的最主要流派,儒家学说关于人生的意义、价值、理想等追求,已经成为中华民族的共同理想信念,是中国人行动的指南。

(2)若是说儒家的中枢是仁的话,那么道家的中枢便是自然。依道家来看,儒的倡导虽好,却只能靠严于律己刻意做到,一有不慎,则内以伤身,外以乱人。宋朝时,儒生发展到“存天理、灭人欲”便可看出。而道以自然为本,以人天生之欲而推之,更加贴近于人的生活。再配以虚无为体,柔弱为刚,执一以为,齐物为心,则可以做到二厢自然,智愚相宜,强弱相合,以致物我两忘,这是一种大音希声般的仁,故对于儒的“温俭恭良让”的人德,道家更注重如何做到自然,故有“虚无、齐物、守一、柔弱、纯粹素朴”五德。完成五德之后,自然而然做到儒提倡的“仁”和“义”。

人之所好,不过有、得、是、居上、乐。而道家不载于此,以自然而为,仅得大有,大得,大是,大乐。“人皆知持物之乐而不知不持物之乐。”正是说明了道家追求自然的目的。而自然的极致,则似婴儿,无识无是,不受物性。可谓之自然之至。能做到这个境界,道家叫作至人。

对于儒家道家两家思想的学习和熟悉之后，我将重点放在儒道结合方面。在儒道结合方面，我结合《拿来主义》这篇文章的内容进行指导。“占有、挑选、创新”，实际上就是要本着批判继承的观点，取其精华，弃其糟粕。

1)儒道互补培塑人生哲学儒家和道家对于人生有着不同的态度，儒家主张“入世”“有为”，而道家崇尚“出世”“无为”。人生的道路是千沟万壑和荆棘丛生的，在这条道路上的每一个人难免会遇到很多艰难和险阻，而在面对困难的情况下，我们要做到兼容并蓄，既要发挥能动性，也要淡定从容。人生中有积极前进的时候，也有停滞后退的时候，不急于求成，适当放松或许才是更好前行与进步的方法，在儒道互补中找寻恰到好处的平衡状态。

2)儒道互补培塑文化导向从古到今，人类文明创造了特有的文化，既包括世界观、人生观、价值观，又包括哲学、宗教、艺术、科技等许多方面。但是，随着人类的进步和社会的发展，过于追求物质世界的人们忽略了自身的价值，这时便需要正确的文化导向来进行调节。崇尚人文、教育和亲情的儒家思想，可以调整物质世界中的浮躁和蒙昧，恢复信仰的庄严；主张自然、质朴和回归的道家思想，可以弥补儒家思想带来的片面的人文主义，恢复人性的纯粹。儒道互补可以平衡个人的道德和智慧，也可以维系人与人之间的情感，使人类文明朝着更健康的方向发展。

选择性必修中册第四单元第十三课

《迷娘(之一)》《致大海》《自己的歌》《树和天空》教学设计

天津市武清区杨村第四中学　王彦明

一、单元任务解读

单元整合、一课多篇是基于部编教材的体例、当下的教学现状和《普通语文课程标准(2017年版)》的指导思想而建构起的一套课程化教学策略。在单元整合的基础上,将学习任务学习内容进行系统化序列化安排,实现课程目标的教学策略,以课程内容教学化的理念指导一课多篇教学。

一课多篇教学以示范文本为点,以略读课文为面,并向课外阅读延伸,进而使阅读系统化、常态化和自主化,使学生在执行阅读任务中,不断内化知识,形成认知逻辑,发展阅读思维,自觉运用阅读方法,拓展阅读空间,形成高品质的个性化阅读能力与阅读习惯。

部编选择性必修中册教科书遵循语文教育的规律和新时代学生的身心特点,注重培养学生的创新精神和实践能力,以任务为驱动力,致力于建构双线性的、系统化的开放型教科书体系,以"人文主题"和"学习任务群"两条线索组织单元,努力提高学生的语文素养。

本册第四单元以"外国作家作品研习"为任务群，以"丰富的心灵：了解若干国家和民族不同时期的社会文化面貌，感受人类精神世界的丰富，开阔视野，培养开放的文化心态，提升人文素养"为学习任务，编排了戏剧《玩偶之家（节选）》，诗歌《迷娘（之一）》《致大海》《自己之歌（节选）》《树和天空》。

其中，《迷娘（之一）》是德国诗人歌德的一首优美的抒情小品，诗人运用了传统的诗体，在短小的篇幅中调动了诸多充满浪漫气息的意象，表达强烈而真挚的情感；《致大海》是俄国诗人普希金的作品，篇幅稍长，抒情内容也更为丰富，诗人与大海为友，向宏大的自然风景倾诉自己热爱自由、崇尚正义、反抗压迫的热烈情感；美国诗人惠特曼的《自己之歌（节选）》在文学史上具有承先启后的意义，一方面它深深植根于西方的抒情诗传统，同时又在诸多方面打破了传统的束缚，将西方诗歌推向现代化；瑞典诗人特朗斯特罗姆的《树和天空》，意象新鲜，具有多重意蕴，运用隐喻的方式，将看似疏远甚至矛盾的意象组织在一起，让诗歌在某个看似奇异但却富于暗示性的情境中发生和展开，表达了比传统诗境更为开阔也更为复杂的人生体验。

这四篇作品的作者分属于不同的国度、不同的民族，属于不同的历史时期，其风格和表现方式有着很大的差异，又有着纵向上的承续关系；相较于必修上册的《致云雀》，它们表现得更为丰富，更易于让学生理解现代诗的自由多样；同时也可以帮助学生理解人类多样的社会生活和多姿多彩的精神文明体系。而对这四篇作品的学习，将是对先前掌握的现代诗的特点和阅读方法的一个总结，也是一个阅读能力提升和深化的过程。

二、学情分析

现代诗知识方面：处于高二年级下学期的学生，已经有相对完备的古典诗词知识谱系，同时经由初中和高一必修阶段的学习，已经对现代诗有了初步的认知，对于现代诗的语言、音韵、意象和结构等方面有了基础性的分析能力。

但是该年级的学生还缺乏一个完整而系统的现代诗史学谱系和知识系统，在面对表达较为复杂的人生体验的现代诗外国作品的时候，又往往显得无所适从。

这个阶段的学生需要以文本为依托，逐步塑成他们完整的知识体系，形成良好的阅读习惯，培养他们自主欣赏现代诗的能力。

三、学习任务与目标

(1)通过检索预习，将作品的作者国别、文学影响和民族差异呈现出来，形成初步的文本印象；

(2)在反复诵读之后，以任务驱动的方式，引导学生发现外国现代诗的特点和阅读方法，并理解其形成机制；

(3)通过以示范文本的具体讲解，结合略读课文的重点问题分析，形成较强的现代诗鉴赏能力。

课时安排：2 课时

四、整体教学设计

(一)第一课时

1.环节一：探——其人其事的发现

目标：了解诗人、创作背景及相关作品。

教学内容：学生借助互联网和其他资源，查阅本课四首现代诗歌创作的背景，诗人生活的时代及特点，作者、代表作品及风格等，通过和上学期学过的两首现代诗比较阅读，过渡到新知识。

活动设计：

活动一：新旧衔接，对比了解

诗题	诗人	生活时代/国别及其特点	代表作品及风格	语言节奏的方式与特点	创作背景	问题存疑
《红烛》	闻一多					
《致云雀》	雪莱					
《迷娘(之一)》	歌德					
《致大海》	普希金					
《自己之歌(节选)》	惠特曼					
《树和天空》	特朗斯特罗姆					

2.环节二:诵——音形意情的感知

目标:初步诵读体味迷娘对故国的思念,对威廉复杂的情感,对沿途风光的不同体验。以诵读为载体,揣摩诗韵。

教学内容:复习闻一多"三美"理论和文章《现代诗的诗歌基本特征》相应知识,诵读为媒介,继续感知四首现代诗的音韵节奏。

活动设计:

活动一:学生默读,结合下发的"预习提示"对四首诗歌的音韵与外形进行分析。

【预设】

歌德的《迷娘(之一)》依赖于押韵和反复的手法;

普希金的《致大海》有整齐的音节和押韵;

惠特曼的《自己之歌(节选)》则没有押韵,靠长句形成的气息;

特朗斯特罗姆《树和天空》有些困难,需要老师点拨。

教师小结:诗歌的节奏依赖的内容其实不止于押韵和复沓一类手法(这种手法,大家比较熟悉,说明大家的古典诗歌基础很扎实)。此外,断句、顶针修辞、语言内在的气息,甚至诗人自身内在节奏都可以影响诗歌的节奏。

活动二:组内思考讨论,由诗歌外在过渡到诗歌内在情感体验。

(1)诗行的长短和诗节的外形,对于诗歌的节奏和情感表达有影响吗?

(2)我们试着将"逃跑或者畏怯是徒然的",改为"逃跑或者畏怯/是徒然的",

你们是否可以感觉出一些不同？是什么样的不同？

(3)我们阅读《树与天空》，似乎也是有押韵的痕迹的。有哪些？

本环节是核心内容之一，从现代诗的外在形态和内在声韵，以及由两者产生的节奏问题，介入到诗歌的情感体验，由此生成同类型现代诗的鉴赏方式。

3.环节三：赏——艺术魅力的挖掘

目标：感受意象，浸入诗歌意境，深入探究诗歌意蕴，赏析语言，领悟诗情。

内容：本环节旨在对不同时代不同风格的现代诗的意象进行分析、组合，结合我们的经验去认读现代诗。详细解析特例《迷娘(之一)》和《树和天空》。

活动设计：

活动一：自读四首诗歌，完成预习提示表格，思考四首诗歌意象和意境之间关联。

诗题	意象	意境	意象关联	语言特点	思想情感
《迷娘(之一)》					
《致大海》					
《自己之歌(节选)》					
《树和天空》					

活动二：《迷娘(之一)》和《致大海》都有很强的抒情特点，选用意象上，力量也很集中。而《自己之歌(节选)》和《树和天空》的意象选择更具现代性，更加具有奇特的意味。咱们就以《迷娘(之一)》和《树和天空》为例，进行现代诗意象和情感关联的探索。

(1)迷娘是和三个人去的“前往”之地吗？这些意象有什么样的意味？那么这几个类型可以糅合在一个人身上吗？这里的情感和大家说的一样吗？这些称谓和塑造的自然环境又是如何关联，同时又是有表达了什么样的情感呢？

(2)《树和天空》几乎所有的意象都不好理解，那么哪个意象不好理解呢？

4.环节四：课堂小结

诗歌艺术一直都是音形意的有效结合，它是一个有机的整体，忽略任何一个部分，都可以为我们的鉴赏诗歌带来麻烦；而学会这些又都是我们解读诗歌(无论古代的，还是现代的)的有效办法。而读诗意再进一步的解读，则要结合意象，感知意境,然后再融入我们的情感体验。这些内容将在下一节课课,为大家呈现。

5.环节五:课后作业

(1)试着对《迷娘(之一)》这首诗进行结构层面的分析;

(2)以今天所学,对必修上册的昌耀诗歌《峨日朵雪峰之侧》进行音、形方面的解析,写一个200字的小评论。

【设计意图】第一题在于将例证在具体的文本里进行活学活用;第二题想要重新回顾所有,以新方法解读旧问题,形成一种创新和反观的意识。

6.板书设计

押韵
节奏　复沓
断句 ——→ 情感
外形

(二)第二课时

1.环节一:二诵——感悟现代诗歌的深刻意蕴

目标:重点诵读《树和天空》,深入探究《树和天空》意象意蕴,小组交流展示,加深对现代诗的理解与认识,形成现代诗鉴赏方法。

内容:继续精读《树和天空》,为下一步略析《致大海》和《自己之歌(节选)》做好了参照。

活动一:变化身份角色,男女生朗读课文,用自己的语言述说这个画面,小组交流可用笔画一幅简单的图景,甚至也可以画出一组。(学生们交流,部分同学绘画)

【预设】

画面描述:这首诗是雨中的树可以行走,它奔走,汲取力量,超越了我们;雨水停住,树也停止脚步,静待那个雪花绽放的时刻。

绘画讲解:画中雨水中晶亮的树和行走的人并置,此时天空有绽放的雪花落下。

活动二:通常意义里,都是我们在行走,树静止,现在反过来了,是否这里有了一层新的关系,突破了常规了?此外,树这个形象除了行走,还做了什么?为什么会这样?

【预设】

这首诗里的树和人的关系,突破了常规意义上的关系,一种很不一样的联系(师:对对,超出了我们的认知)。

树,除去行走,还汲取了力量,静闪,等待。

汲取力量的目的是等待“雪花从空中绽开”。

活动三:生活中,你们有这样打破常规的例子,去呈现类似的现象吗? 而且为了某个这样特殊的时刻。

2.环节二:思——精析启发,略读巩固

目标:基于重点特例的研究,学生自主分析总结《致大海》和《自己之歌(节选)》,养成诗歌学习方法总结习惯,学会课外拓展。

内容:通过欣赏展示,学生自主评价反思,详细解读仅仅是一个开始,精略结合,探讨总结把相应的疑难问题解决,形成现代诗歌的鉴赏方法。

活动一:试着以刚才的分析方式去解读一下另外两首。

【预设】

普希金的《致大海》整体性地形成了大海的印象,同时还有个人孤独的身影,而大海这个意象带给诗人最为直接的感受就是全诗首行点出的“自由”。这是一首歌颂自由的诗。

惠特曼的《自己之歌(节选)》的意象类型很多,多是意象是构成“自己”的零件,但是并不是很好理解。

活动二:分析一下这些意象的特点。

活动三:探究作者为什么要把自己和它们合二为一,进行融合? 是降低自我吗? 人不是地球的主宰吗? 由此你想到了什么?

【预设】

作者并不是看低自己,把这些自然之物与自我融合,反而是提升其地位(师:怎么讲?),人认为自己是地球的主宰,其实也是自然界的一个部分。

这是提倡对自然的尊重吧?

这也可以视为对自身的一种审视。

人与自然应该和谐相处。

……

3.环节三:课堂小结,吐故纳新

这节课,我们从意象、意境出发,深入探究诗歌的意蕴,两个详析的例证,是我们的一种示范,同时也是我们解读其他诗歌的钥匙。当然,面对不同门上的锁,我们的钥匙还要会灵活变通。这个前提是,我们还能继续去阅读现代诗,关注现代诗。我希望大家从这堂课出发,逐步深入到现代诗的广泛世界。

4.环节四:课后作业

目标:第一题以同质内容的差异进行新的分析,进行体认;第二题以创作重新体验理论的意义。

内容:

(1)下面是诗人北岛翻译的《树与天空》,其中有些字句的顺序、选用的词语、断句的位置,都和李笠翻译的有所区别。试着结合本课所学内容,进行分析。字数在200字左右。

树与天空

[瑞典]托马斯·特朗斯特罗姆 北岛 译

有棵树在雨中走动
在倾洒的灰色里匆匆走过我们
它有急事
它从雨中汲取生命
犹如果园里黑色的山雀

雨歇了,树停住了脚步
它挺拔的躯体在晴朗的夜晚闪现
和我们一样,它在等待着那瞬间
当雪花在天空中绽开

(2)请以"星空"为题,选取一些典型意象,创作一首十行左右的小诗。

5.板书提纲

	个体				
意象	分组	——→	意境	——→	意蕴
	组合				

参考文献

[1]温儒敏.培养读书兴趣是语文教学的“牛鼻子”——从“吕叔湘之问”说起[J].课程.教材.教法,2016,36(06):3-11.

[2]叶圣陶.叶圣陶教育文集[M].杜草甬,商金林,编.开封:河南教育出版社，1989.01.

[3]余映潮.一课多篇[J].中学语文教学,2013(6):64.

[4]陈建源,郑雅萍.从统编语文教材体系看“一课多篇”类文本的教学模式[J].语文教学通讯，2020(32):52-54.

选择性必修下册第一单元第三课

天津市南仓中学　石海澜

一、单元任务解读

统编高中语文选择性必修下册第一单元，承载的课程内容是“研习传统文化经典，撰写文学评论”，从属于选择性必修九个任务群之一的“中华传统文化经典研习”任务群，单元人文主题为“诗意的探寻”，所选古代诗歌篇目从源头出发，顺流而下，通过感受不同时期各具特色的诗歌名作，来品味诗歌之美，感受古人的哀乐悲欢，把握诗歌蕴含的传统文化精神，进而认识古典诗歌的当代价值。

单元共四课，第一课选编了先秦时期《诗经·卫风》中的《氓》和《楚辞》中的《离骚》，是中国古典诗歌的源头，分别开启了现实主义和浪漫主义两大文学传统；第二课选编了汉魏六朝时期继承《诗经》所开创的现实主义传统的乐府诗《孔雀东南飞》，与第一课的《氓》相同，都是古代婚姻爱情悲剧的民歌；第三课选编了唐朝具有代表性的伟大诗人李白和杜甫的经典诗作，《蜀道难》和《蜀香》，两首诗体式和风格不同，是李白浪漫主义风格和杜甫现实主义风格的代表。第四课选编了代表古典诗歌新发展的宋词，柳永的《望海潮》和姜夔的《扬州慢》，展现出宋词在意象选取和意境营造上的不同。

单元总体学习任务：

了解我国古典诗歌的发展脉络，增进对诗歌体式和源流的了解，体会作品的精神内涵、审美追求与文化价值。

比较不同体裁的诗歌在节奏韵律、表现手法、语言风格、艺术手法等方面的不同。

初步掌握从语言、情感、意象揣摩、意境体察等方面鉴赏古典诗词，品味诗歌之美，学会撰写文学评论。

感受古人的喜怒哀乐，把握诗歌蕴含的传统文化精神，认识古典诗歌的当代价值。

四大任务覆盖诗歌审美过程、鉴赏方法、审美表达，清晰指向了语言建构与运用、审美鉴赏与创造、文化传承与理解等核心素养。

单元四课承载的课程内容具有全面性和结构化的特点。第一课是体会不同的艺术风格，感受中国诗歌的抒情传统和抒情特征，现实主义源头的《诗经》中的代表篇目《氓》和浪漫主义源头，表达屈原高洁人格和高远理想的《离骚》都是重点篇目。第二课《孔雀东南飞》，比较与《氓》在语言风格、表现手法方面的异同。第三课《蜀道难》和《蜀相》是体味诗歌不同的体式、节奏韵律、艺术风格和抒情特征，重点篇目是以浪漫瑰丽想象见长的《蜀道难》。第四课是感受宋词的词境与声韵之美。

二、学情分析

《蜀道难》《蜀相》属于高中语文选择性必修下册第一单元的第三课，是高二下学期学的教材。学生在初中和高一学过李白的《望庐山瀑布》《早发白帝城》《行路难》《将进酒》《梦游天姥吟留别》等诗歌，对李白的生平、诗歌创作比较了解。本课的《蜀道难》袭用乐府旧题，以浪漫主义的手法，展开丰富的想象，艺术地再现了蜀道峥嵘、突兀、强悍、崎岖等奇丽惊险和不可凌越的磅礴气势，借以歌咏蜀地山川的壮秀，显示出祖国山河的雄伟壮丽，充分显示了诗人的浪漫气质和热爱自然的感情，并从中透露了对藩镇割据的担忧，担忧割据者如果有异心，就会化为“狼与豺",体现了一个知识分子对时局的敏锐观察,嗅到了社会动乱大暴雨来临前的讯息,提醒唐朝统治者注意"所守或匪亲"的现象,体现了对时局的关注,体现了知识分子对社会的责任与担当。高二学生的诗歌学习能力,能与原先学习的李白诗歌相联系,体会《蜀道难》的风格与情感。

学生以前也学过杜甫的《春望》《闻官军收河南河北》《茅屋为秋风所破歌》等诗歌,对杜甫的生平经历、诗歌特点也有很多的认识与了解。《蜀相》是唐代诗人杜甫定居成都草堂后,翌年游览武侯祠时创作的一首咏史怀古诗。此诗借游览古迹,表达了诗人对蜀汉丞相诸葛亮雄才大略、辅佐两朝、忠心报国的称颂,以及对他出师未捷而身死的惋惜之情,以及渴望自己能像诸葛亮一样成为危局中的中流砥柱,复兴衰落的唐王朝,表现了安史之乱爆发后,中国古代知识分子强烈的责任担当,是古代知识分子人格的典范。

高二学生经过前期的积累,对诗歌鉴赏有深入的认识与了解,具备了研习传统文化经典的基础;在语言建构与运用、思维发展与提升、审美鉴赏与创造、文化传承与理解几个方面都获得了进一步的发展;能够通过对两首诗歌的比较阅读分析,深入了解李白和杜甫的浪漫主义和现实主义诗风,进而感受两个伟大诗人的家国情怀,明确知识分子的责任和担当,把握诗歌蕴含的传统文化精神,认识古典诗歌的当代价值,那就是作为探寻现实世界的一个途径,古典诗歌创作密切关注家国历史、人生百态,表现的是个人与国家之间的密切关系,呈现出的大格局一定是个人对国家,对时代的责任担当,对青年学生责任担当有很好的启示作用。

三、任务学习整体思路

本课学习以活动实践、自主学习为主线,围绕"诗意的探寻"这一人文主题,走进李白的《蜀道难》和杜甫的《蜀相》,从诗风、诗境、诗情、诗志角度进行比较阅读。

四、学习任务与目标

(1)回顾李白和杜甫两个人的生平经历、诗作特点,了解杂言古体诗和律诗的相关文体知识。

(2)品味诗歌语言,感受诗歌风格,赏析诗歌的艺术特色,体味诗人情感。

(3)通过诵读,体会杂言古体诗和七言律诗在格律、结构、情感上的差异。

(4)研习《蜀道难》《蜀相》当下的意义与价值,继承诗歌优秀传统文化,树立正确的价值观。

课时设计:两课时

五、整体教学设计

导入:《诗经》和《楚辞》是古典诗歌的源头,分别开启了现实主义和浪漫主义两大文学传统。汉乐府继承《诗经》开创的现实主义传统,唐诗是诗歌发展史上的又一高峰。在千峰竞秀的大唐诗坛上,耸立着两座辉煌的山峰:一座是"诗仙"李白,他飘逸洒脱,豪气干云;一座是"诗圣"杜甫,他沉郁顿挫,心系苍生。今天让我们走进李白的《蜀道难》和杜甫的《蜀相》,从诗风、诗境、诗情、诗志的角度进行比较阅读。

1.环节一:一活一严显诗风

目标:借助互联网和其他资源,课前查阅本课两首诗词创作的背景,查询诗歌体式,对诗歌的体式有初步了解,理解两位诗人不同的创作风格。

教学内容:回顾必修时对李白、杜甫诗歌的理解,回顾诗人生活的时代及特点、代表作品及风格等,借助互联网和其他资源,查阅本课两首诗词创作的背景,查询诗歌体式。

活动一:"浪漫主义"小组和"现实主义"小组分别交流展示。

教学设计表

诗歌题目	作者	生活时代及个人特点	创作背景	诗歌体式	体式特点	创作风格	风格不同的原因
《蜀道难》	李白						
《蜀相》	杜甫						

教师总结：诗歌体式经历了这几个时期：从混沌期的综合艺术体式《诗经》到散文化与音乐美结合的楚辞体、汉赋、乐府诗再到唐诗、宋词、元曲。其中唐诗的艺术技巧和风格多种多样，有五古、七古、杂言古体、乐府歌行、五律、七律、五绝、七绝、排律等体式。《蜀道难》属于杂言古体诗，格律不拘，形式灵活；《蜀相》属于七言律诗，结构“严”整，法度森然。李白擅长灵“活”机变的歌行，他的创作是情感的喷发，随心所欲，兴之所至，诗之所至。句式长短不一、自由灵活。杜甫独具艺术匠心的是近体律诗，注重功力，作起律诗中规中矩，得心应手。原因：①所处时代不同——时代造英雄；②所接受的教育不同；③身世、遭遇不同；④个性特点不同。

2.环节二：一虚一实探诗境

目标：通过诵读和研讨，感受诗人运用虚实相生的手法营造独特的诗歌意境。

教学内容：掌握虚写实写的表现手法，感知两首诗的诗歌意境。

活动一：学生自由朗读《蜀道难》，边读边圈画文本中实写和虚写《蜀道难》这一特点的语句，并思考实写和虚写语句的妙处，在书上空白处做批注。学生批注完后，学生举手自由发言，教师进行引导点评。

（虚写，是一种以虚写实的高级叙述技巧，是由文学创作中有形或真实的部分所引起的无形或虚构的部分，给读者提供更多联想的空间，从而达到一种必然的虚境。实写就是写眼前之景、之境、之事、之人。）

明确虚写：

(1)上有六龙回日之高标，下有冲波逆折之回川——虚写，用了“六龙回日”的神话故事，写出了山势之高，绵延接天，万仞之深，极望回旋。把蜀道的危和高写得令人心惊肉跳，极富有浪漫主义的色彩。

(2)黄鹤之飞尚不得过，猿猱欲度愁攀援——虚写，想象山高得连黄鹤也不能飞度,猿猱也愁于攀援,以此来反衬山之高。

(3)地崩山摧壮士死,然后天梯石栈相钩连——虚写,巧妙地化用“五丁开山”这个神话传说故事,写出了开蜀道的难。

(4)扪参历井仰胁息,以手抚膺坐长叹。虚写——从行人的主观感受侧面写山势的高峻,可以触摸参宿,穿越井宿,让人呼吸难耐,捶胸长叹。

明确实写:

(1)西当太白有鸟道——实写入蜀之难,秦地西面有太白山阻隔了入蜀之道,山势高俊,道路狭窄,只有鸟才能飞过。

(2)但见悲鸟号古木,雄飞雌从绕林间。又闻子规啼夜月,愁空山。——鸟悲号,绕飞,困于林间,子规于月夜悲啼,愁绪满溢,渲染空寂、苍凉的气氛,侧面烘托蜀道之难。

(3)连峰去天不盈尺,枯松倒挂倚绝壁。飞湍瀑流争喧豗,砯崖转石万壑雷。——夸张手法,极言山峰之高,绝壁之险,渲染了惊险的气氛。

活动二:学生自由朗读《蜀相》,找出《蜀相》这首诗歌中实写的诗句,并思考实写的精妙之处。学生举手发言,教师引导学生自评、互评。

明确:锦官城外柏森森。映阶碧草自春色,隔叶黄鹂空好音。——实写祠堂外柏树茂盛繁密,渲染了一种安谧、庄严、肃穆的气氛,衬托诸葛亮高大正直的形象,表现了历代人民对诸葛亮的爱戴,表达对诸葛亮的崇敬之情。

教师总结:我们追随李白瑰丽的想象,通过他虚虚实实营造的高峻、险恶、充满战乱危机的蜀道,令人想而生畏,听而胆寒,仿佛我们跟随他的神来之笔,飞越到蜀国,跨越险山恶水,经历了一场动人心魄的旅途;惊魂甫定,我们又随着杜甫的吟叹,置身锦官城肃穆庄严的武侯祠,膜拜瞻仰了一心为国、忠心耿耿的蜀相诸葛亮。

3.环节三:一道一相寻诗情

目标:通过诵读和探讨揣摩诗情。

教学内容:体会诗人情感,分析抒情方式。

活动一:学生代表朗诵《蜀道难》《蜀相》。其他学生在欣赏的过程中,勾画圈点关键字词,结合具体字词,思考:

《蜀道难》:李白写了一条 ________(特点)的蜀道,抒发了什么情感?

《蜀相》：杜甫写了一位 ________ (特点)的蜀相？表达对诸葛亮的 ________ 情感？

活动二：小组合作讨论：李白、杜甫在抒发情感时用了哪些抒情方式？小组代表发言，其他成员适当补充，教师进行引导、点评。

明确：《蜀道难》：①直抒胸臆。噫吁嚱，危乎高哉！蜀道之难，难于上青天！蜀道之难，难于上青天，使人听此凋朱颜！蜀道之难，难于上青天，侧身西望长咨嗟！——开头一句，领起全文，叹蜀道之高，为全文奠定雄放的感情基调。中间一句，叹蜀道之险，强调主旋律，把诗歌推向高峰。结尾一句，叹蜀中战祸之烈，照应题目、开头，给人强烈的感叹。

②借景抒情。但见悲鸟号古木，雄飞雌从绕林间。又闻子规啼夜月，愁空山。——借写群鸟，栖息于古老的、参天大树上，悲戚地号叫。夜半时分，月光洒落，子规啼叫，愁绪满山，烘托了蜀道之难，表达了内心的极度害怕“凋朱颜”。

《蜀相》：①直抒胸臆。出师未捷身先死，长使英雄泪满襟。作者遗憾诸葛亮功业未成，为诸葛亮宏愿未成，为自己壮志未酬、怀才不遇而悲。

②借景抒情。乐景衬哀情。“映阶碧草自春色，隔叶黄鹂空好音”所描绘的这些景物，色彩鲜明，音韵嘹亮，静动相衬，恬淡自然，无限美妙地表现出武侯祠内那春意盎然的景象。然而自然界的春天来了，国家中兴的希望却非常渺茫。青草自绿，无人欣赏；黄鹂好音，无人聆听。表达对英雄长逝、遗迹荒落的落寞感伤、追思之情，反映出诗人忧国忧民的爱国情怀，强烈的责任担当意识。透过这种爱国思想的折射，诗人眼中的诸葛亮形象就更加光彩照人。

③借物抒情。锦官城外柏森森。茂密繁盛、高大挺拔、四季常青的柏树象征诸葛亮的人格精神永垂不朽、流芳千古。

④借事抒情。三顾频烦天下计，两朝开济老臣心。出师未捷身先死，长使英雄泪满襟。三顾茅庐——得遇明主。隆中对策——足智多谋。两朝开济老臣心，开创帝业，辅佐幼主——赤胆忠心。出师未捷身先死——出师北伐，未能取胜，病死于五丈原。事业未竟，鞠躬尽瘁，死而后已。

教师总结：李白描绘一条蜀道，通过大胆而恰切的夸张，融入丰富、奇特的想象，直抒胸臆和借景抒情的方式，写出蜀道高、险、难的特点，揭示太平景象的背后正潜伏着危机，提醒人们注意世事、时局，表明作者对国事的忧虑与关切。而杜甫通过一位蜀相，运用直抒胸臆、借景抒情、借物抒情、借事抒情的方式表达了羡慕明君知遇之幸，仰慕彪炳史册之功；敬佩鞠躬尽瘁之忠；痛惜功业未成之憾；感慨英雄长逝，祠堂荒落；抒发怀才不遇、仕途无望之痛！暗含感时忧国的情怀与以身许国的抱负。

4.环节四：一叹一泪悟诗志

目标：把握诗歌蕴含的传统文化精神，认识古典诗歌的当代价值，学会撰写文学评论。

教学内容：学生从李杜诗歌文化价值、对我们的精神启示等方面记录收获和反思。学生课上各抒己见，发言交流，课下结合课上所谈用笔记录下来，开展拓展活动。

活动一：选择本单元的一首诗歌，从语言、构思、意象、情感等方面选择一个或两个角度，写一篇诗论。

活动二：全班合作，编一本《诗歌的文化精神与当代价值》合集。可以从诗人的文化价值与诗歌本身的价值，天下兴亡匹夫有责的家国情怀，古今蜀道的对比、祖国的强大、制度的优势，人才有地方可以施展抱负等角度思考，也可以结合时事热点、当下新闻等角度展开论述，感受家国情怀，抒发报国之志。

活动三：跨媒介开展。观看中央电视台新时代文化节目的创新之作——《经典咏流传》，班级合作，用流行歌曲的演唱方法重新演唱《蜀道难》《蜀相》，在歌词改编创作和演唱中感受诗歌厚重的历史感，加深对诗人情志的理解。

教师总结：在安史之乱爆发之前，李白凭借对时局的敏锐嗅觉，觉察到了大暴雨来临前的气息，运用虚实相生的手法，创造了神秘险怪的蜀道意境，揭示太平景象的背后潜伏的危机，提醒统治者“所守或匪亲，化为狼与豺”。安史之乱爆发后，面对社会动荡，国家之危局，杜甫运用直抒胸臆、借景抒情、借物抒情、借事抒情的方式，通过一代名相——蜀相诸葛亮，表达了对诸葛亮雄才大略、辅佐两朝、忠心报国的称颂，对他出师未捷而身死的惋惜之情，以及渴望自己能像诸葛亮一样成为危局中的中流砥柱，复兴衰落的唐王朝。前者忽而神话，忽而历史，思维变化雄奇，句式参差不齐，如蜿蜒多姿的蜀水，甚为灵动，后者秉承儒家济世的精神，“致君尧舜上”，格律严整，法度森然，如蜀国厚重沉稳的大山，一山一水，虽体式不一，但都各尽风流，都闪烁着崇高美的光辉，因为都表现了中国古代知识分子强烈的责任担当。

5.环节五:作业布置

目标:学以致用,拓展提升,鉴赏诗歌。

内容:课下运用本节课的方法,比较阅读李白的《梦游天姥吟留别》和杜甫的《登高》。

结束语:一条蜀道,高险凶,可叹可惧可忧,彰李白豪放飘逸,张浪漫主义之风;一位蜀相,忠义诚,可羡可敬可惜,显杜甫沉郁顿挫,扬现实主义之格。我们不仅要读李杜的诗,更要读更多的经典,让这些诗意的文字涵养我们的性灵,让责任担当的精神薪火相传,让文化的魂魄在中华大地上奔流不息。

六、板书设计

统编教材选择性必修下册第一单元第三课

一活一严显诗风	浪漫主义
一虚一实探诗境	责任与担当
一道一相寻诗情	现实主义
一叹一泪悟诗志	